陈一冰给孩子的

WEI NI DE ZUOYOU HECAI

为你的左右喝彩

陈一冰 著

GUANGXI NORMAL UNIVERSITY PRESS

广西师范大学出版社

· 桂林 ·

出版统筹：汤文辉
选题策划：王　津
责任编辑：熊　隽　许淑贤　张　盟
美术编辑：卜翠红
版权联络：张耀霖
营销主管：耿　磊
责任技编：李春林

图书在版编目（CIP）数据

为你的左右喝彩 / 陈一冰著．—桂林：广西师范大学
出版社，2016.9
（陈一冰给孩子的勇敢书）
ISBN 978-7-5495-8564-9

Ⅰ．①为… Ⅱ．①陈… Ⅲ．①成功心理—少儿读物
Ⅳ．①B848.4-49

中国版本图书馆 CIP 数据核字（2016）第 181236 号

广西师范大学出版社出版发行
（广西桂林市中华路 22 号　邮政编码：541001）
网址：http://www.bbtpress.com
出版人：张艺兵
全国新华书店经销
北京盛通印刷股份有限公司印刷
（北京经济技术开发区经海三路 18 号　邮政编码：100176）
开本：880 mm × 1 240 mm　1/32
印张：6　　　　字数：91 千字
2016 年 9 月第 1 版　　2016 年 9 月第 1 次印刷
印数：00 001~10 000 册　　定价：19. 80 元
如发现印装质量问题，影响阅读，请与印刷厂联系调换。

序言

　　1952 年 6 月 10 日，毛泽东主席为新中国体育工作题写了"发展体育运动，增强人民体质"十二个大字。看似简单的两句话，却道出了体育的真谛，指明了体育的方向，体育的功能开始深入人心，体育活动在我国轰轰烈烈地发展起来。

　　1984 年 7 月 29 日，中国射击运动员许海峰在第 23 届洛杉矶奥运会上为中国夺得第一枚金牌，我国实现了奥运金牌零的突破，极大地鼓舞了海内外中华儿女。

　　2001 年 7 月 13 日，北京成功申办 2008 年第 29 届奥运会。在圆满举办了一届无与伦比的夏季奥运会之后，2015 年 7 月 31 日，北京携手张家口成功申办 2022 年冬季奥运会，创造了在同一个城市既举办夏季奥运会，又举办冬季奥运会的历史，谱写了中国参与奥林匹克运动的新篇章。

　　每一届奥运会都是世界各国优秀选手切磋交流技艺、增进团结友谊的舞台，也是奥林匹克精神和理念传播普及的平台。陈一冰是我国著名的体操运动员，在 2012 年伦敦奥运会上以一套近乎完美的高难度动作，征服了全世界的观众，虽然与金牌失之交臂，夺得男子吊环项目的银牌，但其淡定、从容、大气的微笑，深刻地诠释了"和平、友谊、团结"的奥林匹克精神和"参与比取胜更重要"的奥林匹克格言，既充分体现了他个人的人格魅力，也展示了中国运动员的良好形象。

　　退役后的陈一冰，依然积极投身于体育公益事业。初为人父的他，深知青少年是祖国的希望和民族的未来，青少年的身体素质和健康水平关系着国家和民族的前途命运。作为一名专业运动员、作为一名父亲，他觉得自己应该为孩子们做些事情。因此，他为青少年专门创作了"陈一冰给孩子的勇敢书"，这套书从相互理解、友谊长久、团结一致和公平竞争四个方面向全国青少年讲述体育的历史、介绍体育的含义、传播体育的知识、弘扬奥林匹克精神。在每本书的最后，还根据自己多年来积累的运动知识和训练经验，为青少年进行体育锻炼提出了科学的建议。相信这套书对广大青少年读者会有很大的帮助，也希望通过这套书能让更多的青少年爱上体育运动、掌握专业的体育知识、理解真正的体育精神、练就健康强壮的身体，从而为推进健康中国建设做出个人的贡献！

于再清

2016 年 8 月 16 日

自序

　　在人类社会漫长的发展历程中，古代国家之间、民族之间的联系和交往是非常有限的。当时的人们生活在本国家、本民族的一个小圈子里，对于其他国家、民族缺乏了解和认知，人与人之间的感情也是淡漠的。国家之间、民族之间总是因为种种矛盾不断地爆发大大小小的战争，而人民早已经厌倦了这种永无休止的争斗，他们渴望和平、渴望友谊，可是又不知道从何处获得和平、获得友谊。

　　正当人们焦虑、无奈、彷徨时，奥林匹克运动会来了！这一国际性运动会的到来彻底打破了人与人之间、国家与国家之间、民族与民族之间的界限，让全世界人民汇聚到了一起，成就了一场空前规模的、伟大的友谊聚会。

　　奥林匹克运动会的核心精神是什么？《奥林匹克宪章》指出，奥运精神就是相互了解、友谊、团结和公平竞争的精神。它的目的就在于为奥林匹克运动提供必不可少的文化氛围和精神境界。只有在这样的氛围和境界中，人们才会跨越文化之间的差异、矛盾和冲突，使全世界呈现一片欣欣向荣的景象；只有在这样的氛围和境界中，人们才会跳出本民族的局限，去认知和理解本民族之外的世界，进而彼此成为朋友；只有在这样的氛围和境界中，人们才能更加深刻地认识自己、丰富自己，并实现真正意义上的国际交流。如果没有相互了解、友谊、团结和公平竞争的奥运精神，奥林匹克运动就不可能得到彻底的贯彻，奥林匹克运动也就无法实现其促进世界和平与建立美好世界的目标。

"通过没有任何歧视、具有奥林匹克精神——以友谊、团结和公平精神互相了解的体育活动来教育青年，从而为建立一个和平的更美好的世界做出贡献。"这是奥林匹克运动会最根本的宗旨。在这一宗旨中，友谊的分量占有很大的比重。

这些年来，我一直为奥林匹克运动中所展现出的友谊精神感动着，也一直想在这方面做一些自己力所能及的事，恰逢广西师范大学出版社给了我这个机会，让我得以把这种精神传播出去。

这样做的原因有两个：一方面，奥林匹克运动可以架设沟通各国人民之间的友谊桥梁，增进不同民族、不同文化的人们之间的相互了解，促进世界和平，减少战争带来的危害，以促进人类社会向真善美的方向发展。另一方面，奥林匹克运动以富有人文精神的体育运动作为实现自己宗旨的途径，并在全世界人民之间建立起友谊的纽带。

无论从哪方面来看，作为世界人民中的一分子，我们都有责任为奥林匹克运动会做出一份贡献，哪怕是微薄的。我也相信，全世界的人民都有这样的想法，并为之努力着！

目 录

CONTENTS

心在一起是团队，不在一起是"团伙"

一群人为了长久的共同目标和理想而工作和学习，

这便是团队。

这个共同的目标让大家的心连在一起，

把大家的力量凝聚在一起。

俗话说"人心齐，泰山移"。

人与人的合作不是简单的人力相加，

而是一种优势的互补，

精诚协作的过程。

1+1 大于 2，

很可能是无穷大。

只要心在一起，

就能打造出卓越团队。

★女子排球★

1+1+1+1+1 > 5

魔鬼训练

1976 年，原国家男排的主力队员、37 岁的袁伟民来到国家女排训练场地，成为新组建的国家女子排球队主教练。

"代表国家参赛" "为国争光" 的理念在女排教练与队员的心中燃烧，他们渴望创造奇迹——登上最高领奖台。

在这种理念的激励下，队员们天天接受着魔鬼式的训练：每天至少持续 8 个小时的训练。为完成训练任务，教练员和运动员经常坚持到深夜。一次次跃起、扣球，一次次倒地、接球，队员们个个大汗淋漓。有的队员难以忍受这种辛苦而流泪，但也坚持训练，训练场的地板被她们的汗水和泪水打湿。然而，队员们决不退缩，大家互相鼓励，互相较劲，认真完成每一个动作，在场观看训练的人们都被深深地打动，忍不住流下眼泪。教练袁伟民却从不被眼泪打动，不达到训练目的决不下课。

女排队员刻苦训练，跌打损伤是常有的事，但她们默默地忍受着，没有一个喊痛、叫累。因为她们心中深深地明白一个道理：不付出超出常人的努力，就不会有团队的胜利，更不能为国争光。

雨后的彩虹

女排经历过训练、大赛的磨炼，品尝过失利的苦涩，风雨之后终于看到了彩虹，中国女排迎来了世界大赛的第一个辉煌：

1981 年 11 月，第三届世界杯排球赛在日本举行。中国女排经历了 11 天的比赛，以 6 战全胜的成绩顺利进入决赛，决赛的对手是被誉为"东洋魔女"的东道主日本女排。在"魔女"面前，中国女排队员毫不示弱，大家精神振奋，士气昂然，场上齐心协力、密切配合。当最后一球铿锵落地时，中国女排赢了！中国人沸腾了！"奋进拼搏，女排精神万岁！""团结起来，振兴中华！"呼声响彻天空，激荡在中华大地，中国女排终于登上了世界顶峰。

在日本世界杯排球赛上夺冠回国后，激动的泪水还没有干，魔鬼训练又开始了，中国女排的目标不是只拿一个冠军，她们又将目标锁定在第二年的世界排球锦标赛。目标有了，可形势并不乐观，当时，世界排坛强手如林，而且各有各的特点：美国队技术全面、古巴队进攻犀利、苏联队足智多谋、日本队不屈不挠。

面对如此严峻的局面，中国女排队员毫不畏惧，她们刻苦训练，每天都在男队员劈头盖脸的扣杀下翻滚，每个人的身上都被摔打得青一块紫一块，练就了凶狠扣杀的"秘密武器"。

在 1982 年秘鲁世界锦标赛中，中国女排在小组预赛中输了，而且输得很惨，比分是 0：3，对手是美国队。当时的规则是预赛的成绩要被带入后面的比赛中（现在的规则已改），这对中国队非常不利。中国女排要想进入决赛，必须要在后面的 6 场比赛中全部以 3：0 获胜。在这紧要关头，中国女排没有泄气，个个士气高昂，大家都有拼死也要夺得决赛权的信心。奇迹还真的出现了，在后面的 6 场比赛中，中国女排都以 3 : 0 获胜，这种态势一发不可收拾，最终获得了这次世锦赛的冠军，向世界宣示：世界排坛一个新的霸主已经到来！

中国女排在获得世界杯和世锦赛冠军后，就只差一个奥运会冠军，这一世界上含金量最高的冠军了。同时，在国人口中第一次出现了"三连冠"这个词。于是，中国女排又将"奥运冠军"以及"三连冠"作为奋斗目标。

然而，此时的中国女排，正值新老交替之际，实力明显减弱，而美国、日本女排又虎视眈眈，可以预见 1984 年洛杉矶奥运会中国女排队员困难重重：小组赛中，中国队先后以 3 : 0 轻松击败巴西和联邦德国队，但却因压力过大以 1 : 3 输给了东道主美国队，也是中国队最主要的竞争对手。这一次失利决定了中国女排后面的比赛将更加艰难。半决赛中，遭遇实力较强的日本队，好在中国女排队员团结一心，士气高昂，以 3 : 0 击败对手，顺利进入决赛。

决赛中，中国女排又遇到了最强的竞争对手——美国队，比赛可谓惊心动魄：首局中国队凭借最后时刻的两个神奇发球以 16 ∶ 14 险胜，这使得美国队阵脚大乱。中国女排乘胜追击，最终以大局 3 ∶ 0 的比分击败美国队，第一次站上了奥运会的最高领奖台，同时也实现了"三连冠"的梦想。升国旗、奏国歌，所有的中国观众都热血沸腾，为女排而骄傲、为女排而自豪！

之后中国女排又接连获得两次世界冠军：

第一次是 1985 年在日本举行的第四届女排世界杯赛。这次世界大赛中，人们最关注的是中、古之战。预赛时，中国和古巴都以 3 ∶ 0 击败了实力雄厚的苏联队，这足以说明，这场中、古之战确确实实是世界排球的冠军争夺战，最终中国队战胜了古巴队，获得本届世界杯的冠军，这也实现了中国女排的"四连冠"。

第二次是 1986 年在捷克斯洛伐克举行的第十届世锦赛，在这次世锦赛中，当时的中国女排状态并不乐观：一是正处于队员新老接替时期，二是老队员大多有伤病。可是，她们克服了一切不利因素，最终以出色的成绩蝉联冠军，又一次捍卫了中国女排在世界排坛的霸主地位，成为世界排球史上第一支获得"五连冠"的队伍。

陈一冰点评

　　奥运赛场上团队夺冠的场景总是带给我更多感动。团队成员无论欢呼奔跑，还是相拥而泣，都能让观众产生强烈的共鸣，因为团队的胜利不但是个人意义上的成功，更是一个卓越团队众志成城的结果。

　　正如美国游泳名将菲尔普斯所说："我认为，接力赛更让人兴奋。接力赛可能是我参加过的最令人激动的比赛，因为这项比赛需要全队的共同努力。"正是团队气势令团队成员感到无比激动，并拥有一种众志成城的必胜信念。

　　奥运五环中五个不同颜色的圆环，环环相扣，象征五大洲的团结互助、相亲相爱，这正是奥运精神的体现，也是奥运会所弘扬的，也是奥运比赛意义之所在。

　　奥运作为一种竞技运动的比赛，从表面上看是以竞争为宗旨的，但其实不然。奥运宗旨的核心内涵之一即"互相了解、友谊、团结"的精神。奥运既是竞争比赛，也是团队联盟。

　　对于一个团队而言，团结一致与相互竞争并不矛盾，一切从团队的利益出发，比如：你和队友在团队中打的是同一个位置，但在比赛中该谁上呢，这就要从团队的利益出发，谁的状态好，谁的水平高，就谁上，这并不会影响队员之间的团结友爱。当然，在平时的训练中，相互竞争对运动员也会起到激励作用，激励运动员刻苦训练，提高自己的水平，以便在赛场上为团队出一份力，争一份光。

世界华人成功学大师陈安之在总结历代成功者的经验时，得出一条永恒的成功法则："胜利靠别人，成功靠团队！"这句话用在中国女排身上再恰当不过了，如果没有一支团结和谐、步调一致的团队，想得冠军是不可能的，更别说"五连冠"了。

奥运赛场是成就个人英雄的舞台，更是催生完美团队的摇篮。团队的胜利必须依靠出类拔萃的个人技能和无懈可击的合作意识；而赛场上的个人英雄站在领奖台上，光辉也是由教练和队友的支持共同成就的。

团队为个人提供了施展才华的机会和舞台，也为个人提供了实现理想的机会。作为团队的一员，一定要时刻铭记整个团队的职责和使命。个人再受重视，再有才华，也不能以自我为中心。个人只是团队的一员，团队的性质决定了团队成员只是团队中的一分子，而不是整体。每个团队成员都应该以实现团队目标为中心。就像中国女排队员一样，为了整体的奋斗目标，教练与队员要齐心协力，努力拼搏。

排球为什么叫"排球"

20 世纪初，排球运动是由美国传教士以教学、游戏、训练及表演等方式向中国人传播开来的。最早大家对这个空中飞球的称呼并不是"排球"，而是根据排球的英语发音"Volleyball"，将空中飞球称为"华利波"。

排球被列为中国男女正式比赛项目后，将原来的名称"华利波"改为"队球"，意即：成队比赛。由于这种球在比赛时在空中被来回排击，并且参赛者成排站位，根据这两个特点，将"队球"改为"排球"，并且一直沿用至今。

排球为什么是圆的

大家一定都知道排球是圆的，但你想过为什么排球要做成圆的吗？为什么不能做成方的呢？

其实道理很简单，圆形的球，便于玩球者掌握和控制球的运动规律，因为不论用手击球的哪个部位，它的受力效果都是一样的，因此运动员容易判断出它在空中飞行的速度和方向。如果把球做成方的，球受到击打后，击打的位置不一样，球运动的方向也不一样，因此很难判断其方向，而且，当球落到地板上时，球滚动的方向也不好判断，不能给人以美感。

也许大家会说橄榄球为什么是椭圆的而不是正圆的呢？这是因为橄榄球比赛主要并不是击打它，而是以拿着为主，并且椭圆形的球可以使运动员一只手就能控制住球。

★男子短跑★

"洗盘子"的教练

体弱多病的珀西·威廉姆斯

1908 年 5 月 19 日，珀西·威廉姆斯出生在加拿大不列颠哥伦比亚省的温哥华，小时候的珀西·威廉姆斯体弱多病，患有风湿热，医生不让他做激烈运动。可珀西·威廉姆斯酷爱运动，他通过体育锻炼强健身体。

上了高中后，珀西·威廉姆斯身体素质已经非常好了，他参加了温哥华体育俱乐部的体育专业训练，跟随的教练叫鲍勃·格雷格。鲍勃·格雷格的正式职业是看门人，而不是教练，因此，去阿姆斯特丹参加奥运会时，加拿大只给参赛运动员珀西·威廉姆斯出路费，所以教练没有一同前往。离开了教练，珀西·威廉姆斯心里一点底都没有，而鲍勃心里也放不下珀西·威廉姆斯，他心里十分清楚，自己不去赛场，珀西·威廉姆斯肯定不能夺冠，于是他对珀西说："你和代表团走你们的，不用管我，我会到阿姆斯特丹去找你的。"

我会在你身边的

珀西·威廉姆斯跟随代表团来到荷兰阿姆斯特丹，刚到不久，教练鲍勃就赶到了。珀西·威廉姆斯十分惊喜，忙问："教练，你是怎么来的？"

原来，教练鲍勃为了能够赶上这次奥运会短跑比赛，给珀西·威廉姆斯助阵，边赶路边打工：在从温哥华到多伦多的火车上找了一份洗盘子的工作，到了多伦多后，他又找到了一艘货船，在船上帮人打杂刷甲板。就这样，鲍勃不但按时赶到了阿姆斯特丹，同时还赚到了一些在荷兰的生活费。

鲍勃认为，珀西·威廉姆斯身材瘦小，这是他的缺点，但也正是他的一个优点，短小精悍，起跑一定可以很快。于是，在赛前，他把所有的精力都放在了提高珀西的起跑速度上。

在旅馆的房间里，鲍勃把床垫卸下来，立在墙边，让珀西从房间的一端起跑，冲到立在另一端墙边的床垫上。这样，珀西不但可以用尽全力向前冲刺，而且还不用担心会碰壁。

功夫不负有心人，在百米半决赛中，珀西·威廉姆斯平了奥运会的纪录，跟他取得同样好成绩的还有两位来自美国的运动员——麦考利斯特和伦敦。

决赛时，珀西·威廉姆斯与伦敦的跑道相邻，瘦小的珀西与身高马大的伦敦，形成鲜明的对比，大家都为珀西·威廉姆斯捏一把汗。

这时鲍勃对珀西·威廉姆斯说："不要怕，有我在你身边呢！"

有了教练的鼓励，珀西·威廉姆斯心里踏实多了，在前两次的起跑中，都有运动员犯规，到了第三次，运动员们都十分小心，珀西疾步起跑，他的起跑具有明显的优势，在旅馆里的起跑练习在这里发挥了很大的作用，他一下子就冲到了最前面，而且一直保持着领先的地位，直到最后冲刺阶段，他仍超出第二名60厘米的距离，最后以10秒8的成绩获得了冠军。

奥运会以后，美国人又邀请珀西·威廉姆斯到美国参加了一系列的室内比赛。在一共21场比赛里，珀西·威廉姆斯赢了19场，当时，有人说："如果说在阿姆斯特丹，珀西让美国人吃惊，那么现在，他让美国人发抖了。"可见，珀西·威廉姆斯实力之强大。

然而，珀西·威廉姆斯心里非常明白：如果没有教练鲍勃的无私奉献，他是不会取得这么好的成绩的！

陈一冰点评 ·

　　我记得王皓在 2007 年获得乒乓球男单冠军后对记者说的一段话："比赛期间，我每天都是早上 8 点多起来，刘指导始终陪伴着我，他起来的目的就是陪我练习，模仿我即将遇到的对手，从发球、站位到场上习惯，他都能学得惟妙惟肖。我下一个跟谁比赛，他就模仿谁……"王皓在这段话中透露出他对刘国梁教练由衷的感谢。

　　每个团队都是一个大家庭，比如班集体，当你进入这个集体时，你就是这个大家庭的一员。这个家是和睦相处还是争吵不断，与每个成员的态度和行为息息相关。完美团队需要成员和睦相处、齐心协力、努力拼搏。如果成员没有集体观念、缺乏集体责任感，这样的团队只要出现一点点问题，都有可能会解体。相反，只要每个人都为这个家庭付出努力，必将有所收获。

关于短跑

跑是人类的基本能力，是一种古老的比赛方式。短跑就是短距离跑，用最快的速度跑完规定的距离。由于短跑速度快，人体的运动器官和内脏器官会大量缺氧，因而这项运动属于极限强度的运动。

短跑是第一届古希腊奥运会唯一的竞技项目。现代短跑起源于欧洲。比赛时，运动员必须使用起跑器，听信号统一起跑，必须自始至终在自己的跑道内完成比赛。奥运会男、女比赛项目均设有 100 米跑、200 米跑和 400 米跑。

"蹲踞式"起跑，那是学袋鼠

助跑器没有应用之前，短跑运动员的起跑姿势千姿百态，有站立式、踏步式、蹲式，等等。在 1896 年第一届现代奥运会上，参加百米赛跑的 5 位运动员用了 5 种起跑方式。其中，美国田径运动员托马斯·伯克采用了当时很奇特的姿势："蹲踞式"起跑。由于这种起跑方式姿势古怪，当时有很多人嘲笑伯克，伯克没有理会这些。正是这种起跑方式，使伯克在 100 米预赛时取得了非常好的成绩，以 11 秒 8 的成绩创造了这个项目的第一个现代奥运会纪录，决赛中伯克又用这种起跑方式跑在最前面，获得了本次比赛的冠军。其他运动员看到了这个起跑姿势的优势后，都纷纷效仿，于是"蹲踞式"起跑姿势被广泛运用起来。

据说，"蹲踞式"起跑是美国田径教练玛尔菲发明的。他通过仔细观察发现，袋鼠每次在快速跳跃奔跑之前，都会将后腿弯曲，把身体俯得很低，然后迅速地向前一蹿。玛尔菲受到袋鼠的启发，让运动员也像袋鼠一样起跑，发现效果很好，于是发明了"蹲踞式"起跑。也有人说是澳大利亚的短跑运动员学习袋鼠率先使用这个姿势起跑的，不管哪种说法，在短跑起跑上，袋鼠都是有功劳的。

★女子排球★

我是一片绿叶

替补也是一种荣耀

李延军9岁那年，十分疼爱她的妈妈不幸离开了人世，她和三个哥哥跟父亲一起艰难度日，日子之艰难可想而知。远在沈阳的姑妈看她爸爸一个人实在照顾不过来这么多孩子，便把李延军接到自己身边，这一举动改变了李延军的命运，让她在沈阳发挥了自己的体育天赋。

1975年，李延军被辽宁省体校选中，两年后，全国几大军区到沈阳招体育兵，李延军又顺利进入了南京部队，当上了体育兵。四年后，又被选入八一女排。

1983 年，也就是李延军进入八一队的第三年，中国女排没有大的世界比赛，也就是轮空年。这正是培养和磨炼新手的时候。教练也正是抓住这一时机吸收了一批新队员，李延军正是在这个时候进入国家队的，当时，她年仅 20 岁，是女排姑娘中年龄最小的一个队员。

李延军刚刚入队时，面临着自身位置的确定，也就是主角与配角的确定。

主角和配角，意思很明确，也就是主要人物和次要人物。既然进了国家队，谁不想打主力？谁不想做主要人物？李延军当然也不例外，非常想打主力。可是，教练们经过反复商量、权衡利弊之后，很坦率地告诉她："你打替补！"

虽然是第一替补，不过毕竟也是配角，是次要人物。李延军是个不甘示弱的女孩，心里难过极了，但既然教练决定了，她也只能接受这个位置，而且也接受了这个角色。

她说："能代表国家参赛是一种荣誉、一份骄傲，哪怕是替补。"

一样付出不放松

李延军丝毫没有因为自己是替补就放松训练，进入国家队后，跟别的女排队员相比，她没有什么优势，1 米 79 的身高在女排队员中不算高，而且她的身体素质很差，弹跳力也不行。李延军更严重的问题是，一旦运动量过大，全身关节就会肿痛……

这一切的不利条件没有把李延军吓倒，小时候的艰难生活让李延军学会了吃苦：刚进队的时候，国家女排有两个训练基地：一个在郴州，一个在漳州。那时候交通还不发达，客机很少，基本上都是坐火车去训练基地。在李延军看来，坐火车是件非常幸福的事，因为平时天天都在训练，只有坐火车这一天不用练！后来教练连坐火车的时间都不放过，把队员们拉到餐车上继续训练，甚至在上下铺之间也要安排训练。李延军跟着队里的大姐姐们咬牙坚持，刻苦训练，一刻都不放松。

付出总有回报，李延军通过大强度的体能训练，加上自己快速多变的打法，弥补了先天的不足。

每次大赛，只要主攻手转到后排，或是一些关键的时刻，李延军就会上场，或发球破坏对方一攻，或救起快要落地的险球，或调整好没有到位的球，总之，关键时刻她都会大显身手。

她的精湛技术得到了中国女排的充分肯定，享受着主力队员的待遇，起到的是主力队员的作用。

李延军以替补队员的身份多次登上了冠军领奖台：1984 年洛杉矶奥运会、1985 年女排世界杯赛、1986 年女排世界锦标赛……

光环背后是低调

每当面对媒体时，李延军都离记者远远的，她说："不是我高傲，我只是觉得自己太普通了。作为一个队员，做了自己应该做的，没有什么值得报道的。"

因而，无论是报刊上，还是电视上，我们都很少看到关于李延军的报道，这或许与她的低调作风有关吧。

李延军说："每次站在冠军领奖台上时，我感觉自己是个替补队员。但当给我佩戴金牌时，我很理直气壮、很骄傲。因为，这是我们全队的荣誉，我不认为功劳仅属于某个人，况且，替补队员也是一种需要，只是分工不同而已。"

陈一冰点评

　　团队就是一群人为了实现共同目标，形成的相互联系、相互依赖的共同体。为团队的共同目标而努力，是每个团队成员的责任，每个人都不遗余力地付出，大家相互配合，相互支持，齐心协力为同一个目标奋斗，这样，才能形成一股强大的团队凝聚力。

　　相信很多人看到了我在2012年伦敦奥运会团体夺冠那一刻的眼泪，由于伤病的原因，这次奥运会整个男子体操队都不容易，但是大家都尽力把自己最完美的一刻表现出来。"一支竹篙耶，难渡汪洋海，众人划桨哟，开动大帆船；一棵小树耶，弱不禁风雨，百里森林哟，并肩耐岁寒……"这首歌的歌词展现了团队合作的力量，对于大家的努力结果，我当时的心情真的只能用眼泪来表达。

　　团队的力量并非团队成员个体能力的简单叠加，而是团队成员个体特长的合理搭配。一堆沙子是松散的，可是它和水泥、石子、水混合后，比花岗岩还坚韧。团队要想强大，不仅需要每个人的努力，更需要大家的相互配合，哪怕你的角色并不重要，也许像李延军一样是个替补队员，不过只要团队需要，你就应尽全力配合。

美丽的世界需要鲜艳夺目的红花，也需要片片绿叶的陪衬。没有绿叶的衬托，哪来红花的娇艳？我们没必要争做夺目的红花，绿叶也一样美丽，一样被需要。无论是红花还是绿叶，只要努力奋斗，认真做事，不管事情大小、成功与否、有没有辉煌，在自己的团队中我们都一样有自己的价值。

排球的起源

1895 年，首先在美国出现了排球，发明者叫威廉·摩根，是美国马萨诸塞州（旧称麻省）霍利约克市的一位体育工作人员。当时盛行的球类运动是网球和篮球，摩根先生觉得，网球运动量太小，而篮球运动又太激烈，而且都是室外运动，有些人不太适合参加。他想寻求一种运动量适中，富有趣味性，又能在室内进行的运动项目来替代网球和篮球，于是就有了今天的排球。

如何判断排球圆不圆

排球因其制作方法的特殊性不是一次成型，而是先制作内胆，再根据要求贴上一定数量的外皮制作而成，一般质量的排球很容易变形，从而影响使用。

那么，如何判断排球圆不圆呢？有以下三种方法：

　　第一种很简单，如果排球变形严重，一眼就看出来了，可以直接将球抛弃不用。

　　第二种最精确，找专业机构进行精确测量，但这种方法不实用，不易推广。

　　第三种既简单又实用，用一只手托住排球，将排球旋转着竖直上抛，旋转速度要快，两眼注视排球，看它的旋转情况：

　　如果排球的转动是平稳的，那么说明排球是圆的；如果排球在空中出现偏轴转动，也就是说用肉眼看上去球是在摆动或者晃动，那么就说明该排球不圆。

　　这个实验可以多做几次，只要排球在一次旋转中是摆动或者晃动的，就说明这个排球不是圆的。

传奇的六连冠

六连冠伟业

2014 年 10 月 7 日，对于中国男子体操队来说，这是一个特别的日子。就在这一天，第四十五届世界体操锦标赛展开了第一个决赛日的争夺，中国队凭借最后一项单杠的完美发挥，以 0.1 分的优势战胜日本队，成就了世锦赛六连冠。这是体操世锦赛从 1903 年创办以来的第一次，这一刻令国人振奋。

这次决赛，冠亚军争夺主要在中日两队之间展开，前两项比赛是自由体操与鞍马，第三项是吊环，第四项是跳马，第五项是双杠，最后一项是单杠。

程然在自由体操比赛中失误，因而两轮过后中国队仍落后日本队 3.583 分。这无形中给后面出场的队员增加了心理压力，他们努力地控制着紧张的情绪，告诉自己一定要稳定发挥。第三项比赛是吊环，中国队开始追赶，缩小比分差距，吊环结束后与日本队的分差缩小到 1.583 分。第四项比赛是跳马，比赛结束后，中国队与日本队的比分差距缩小到了 1.283 分。第五项比赛是双杠，虽然动作完成得很好，但中国队仍比日本队落后 0.691 分，中国的体操队员没有放弃，因为他们的心中有一个梦想，那就是六连冠。

最后一项是单杠比赛，日本队出场的是内村，成功完成直体旋越杠和高难度的中穿 180 接团身旋越杠，最后落地稳稳站住。15.400 分，这样日本队的最终得分为 273.269 分。日本队觉得这个分数足以拿到冠军了，几乎要提前庆祝。

在这种严峻的局面下，中国队只有顶住压力，奋力拼搏，才能实现六连冠的梦想，否则梦想将化为泡影。这个难题落在了最后一个出场的张成龙身上，为了团队的胜利，张成龙拼了，他直接选择了 7.4 难度的动作，因为他只有得到 15.866 分才可能与日本队战平。

张成龙是豁出去了！他铆足了劲儿，一系列高难度动作悉数完成：直体旋越杠、团身旋越杠、中穿 180 接特卡转体 180、中穿 360 接马凯洛夫，每一个动作都几乎完美，而且下杠时也稳稳站住。一整套动作几近完美，赢得了全场的掌声。

裁判亮出张成龙的最后得分：15.966 分，这时，整个赛场沸腾了，大家为张成龙完美的表现欢呼。由于张成龙的出色表现，中国体操男队实现了精彩逆转，以超过日本队 0.1 分的微弱优势夺得第四十五届世界体操锦标赛冠军，同时也成为体操百年历史上第一个完成男团六连冠伟业的队伍。

获胜那一刻，中国体操队的队员们高举双拳欢呼。程然哭了，他哽咽着说："我们做到了，太不容易了！"老将张成龙虽然见惯了大场面，但也难掩激动之情，他说："感觉今天比参加奥运会更艰难，压力更大，但是我们顶住了，我们胜利了！"

冠军背后的悲情

中国国家体操队训练的地点位于北京市崇文区体育馆

路，就在天坛公园东门往东。每次世界大赛夺冠后，队员们就会返回这里继续训练，为下一场比赛，为下一个冠军而努力拼搏。

训练时，队员腿上和腰部都绑着重物，而且要进行将近半小时的倒立练习，训练的艰苦程度可想而知。

队员们年龄很小就进入国家队，为了训练甚至几年不回家，这对一个常人来说很难做到，更何况是小小的孩子呢？

过年的时候，队员们都想请假回家，但队里规定，只有大年初一才能休息一天，队员们的家大多不在北京，因此难得回去。因而，一到过年，他们的父母就会来看他们；另外每次冬训结束后，新赛季开始之前，家长们也会来看看他们。队员们一年四季，只有这两次跟父母见面的机会，其余的时间里，几乎无法与家人见面，只能偶尔打打电话。练体操是很寂寞的，但是为了中国体操事业，为了团队一个又一个的梦想，队员们只能忍受寂寞，他们放弃了许多在他人眼里很平常的点滴幸福。但这种寂寞也让队员们变得更加成熟，在场上显现出与年龄极不相符的老练，这有利于体操队员在赛场上保持良好心态，稳定发挥水平。

陈一冰点评

　　男团体操六连冠的获得着实不易，我们的每个队员都为了整个团队而努力奋斗，甚至有一些队员为了团队的成绩，舍弃了单项比赛，比如有的队员，虽然成绩很优秀，但因状态不好就选择放弃比赛，把机会让给新队友。我们的队员一切都是从团队的利益出发，只要能赢得比赛，个人失去再多，也在所不惜，个人的利益和荣誉与团队荣誉相比，团队荣誉比个人荣誉更加重要。

　　一个团队力量的强大，并不完全取决于团队中个体数量的多寡，团队内部成员如果不能协调一致地行动，个人的力量再强大也没有用。因此，作为一个团队，最需要的是成员之间一致协作。

　　团队协作能使本来分散的个人力量，以及具有不同能力、不同个性的人结合起来，携手作战，组成一个整体。整体的威力是巨大的，它不是团队成员简单的算术和，而是一种不论在数量上还是质量上都远远超出原有成员的力量，这就是我们平时所说的 1+1 ＞ 2 的道理，要组成这样的一个整体，需要强化团队的凝聚力，而凝聚力来源于成员之间共同的愿景，也就是团队的目标。

对未来的渴望与梦想是每个人不断进取的原动力，也是调动潜能的最佳方式，成就伟大的动力往往来自于远大而明确的目标。

团队的形成必须具有明确的目标，这是指引团队方向的一盏指路明灯。要想增强团队的凝聚力，必须先明确团队目标。

目标统一了，大家的劲儿才会往一处使，心才会往一处想，最终到达成功的彼岸。

男团比赛能够获胜的一个主要原因就是大家都拥有必胜的信心，大家的心中有一个共同的目标——六连冠，有了这个共同的目标，团队才有了很强的凝聚力，这样的团队干劲才足，士气才高。正如日本队主将内村航平说的："我们该做的都做了，0.1 分的差距是输在气势上……"中国体操男团正是赢在了共同目标下的伟大的凝聚力。

中国体操男团六连冠是哪几次

第一冠：2003 年 8 月美国阿纳海姆体操世锦赛男团冠军。

第二冠：2006 年 10 月丹麦阿胡斯体操世锦赛男团冠军。

第三冠：2007 年 9 月德国斯图加特体操世锦赛男团冠军。

第四冠：2010 年 10 月荷兰鹿特丹体操世锦赛男团冠军。

第五冠：2011 年 10 月日本东京世界体操锦标赛男团冠军。

第六冠：2014 年 10 月中国广西南宁体操世界锦标赛男团冠军。

练体操真的不长个子吗？

好多家长说："体操运动员好像没有高个子，练体操一定长不了个子，不能让孩子去练体操。"家长的担心我们是可以理解的，谁不希望自己的孩子又高又结实呢？不过家长的这种观念是没有科学依据的。

大家在电视上看到的体操运动员个子都不高，并不是因为练体操长不高个子，这与体操这个运动项目的特点有关，体操的很多项目要求运动员要身轻如燕、重心要稳，特别是那些要求稳稳落地的项目。如果在比赛中，你站不稳就会被扣分。个子矮身体重心就低，运动起来就会稳当些，落地时比较容易站稳。还有一个原因，个子小巧做出的动作让人看起来也会更优美一些。因此，如果体操队的队员个子长高了，教练就会考虑让他去练其他项目，而并不是练体操孩子个子就长不高，大家在电视里看到的体操队员的个子都比较矮，是因为教练在选拔时倾向于挑选小巧的苗子，不是因为练了体操个子就不长了，这完全是两个概念。

女子垒球

做好领军人物

全能领军人物

　　美国全能垒球手丽莎·费尔南德斯，是当时美国女子垒球队的领军人物。她不仅球技出色，而且还能很好地完成三垒手和内场手的防守职责。

　　1996 年奥运会，丽莎·费尔南德斯带领美国队出战，担任投手和三垒手，获得了本届奥运会金牌，这也是美国女垒的第一枚奥运金牌。在随后的悉尼和雅典奥运会上，美国队又在她的带领下，连续卫冕冠军，为美国女垒再创佳绩。

　　悉尼奥运会上，女子垒球冠军决赛在美国队与澳大利亚队之间进行，澳大利亚队首先展开攻击，虽然击出两记安打，但没有踏上本垒板，对美国队没有什么威胁。首局转换攻守后，美国队不断攻击，一口气打出5记安打，其中有一记是本垒打，共有3人跑回了本垒。这一局定下了全场比赛的基调。

第二局双方都没有击出安打。到了第三局，美国队凭借3记安打得了2分。刚打了3局，美国队就以5：0领先，此时，美国队获胜似乎已成定局。

此后，澳大利亚队改变战术，更换投手，在一定程度上阻止了对手继续扩大战果的态势。战至第6局，澳大利亚队击出两记安打，踏上美国队的本垒板。美国女垒队在本届奥运会中只丢了这一分，留下一点小小的遗憾，最终美国队以8战8胜的战果获得金牌，赢得了世人的赞誉。

在这场决赛中，丽莎·费尔南德斯作为美国队的先发投手，先投完了全场，澳大利亚队只击出4记安打，同时还有两人出局，可见，美国队获得如此好的战绩，投手丽莎·费尔南德斯是功不可没的。

丽莎·费尔南德斯一直是球队的"灵魂"，当然她也收获了三枚奥运金牌，与此同时，她也在奥运会历史上创造了惊人的 59 次"投杀"（投手通过投球使对方击球员三击不中而出局的防守行为）纪录，而第二名只有 47 次，与丽莎·费尔南德斯相差 12 次，丽莎·费尔南德斯遥遥领先，成为美国"垒球梦之队"当之无愧的领军人物。

　　丽莎·费尔南德斯不但在奥运赛场上表现突出，在世锦赛上表现也很出色，曾三次带领美国队夺得世锦赛冠军。在备战 2000 年悉尼奥运会的一场巡回赛中，她凭借自己出色的投球技术，连续击退对手 21 名投手，打得对手在五局内没有安打和得分，这在垒球比赛中是从来没有过的。那场比赛给垒球迷们留下了深刻的印象，丽莎·费尔南德斯在垒球界的名声大振。

精彩瞬间永留史册

　　2004 年雅典奥运会后，丽莎·费尔南德斯选择了退役，她想做一个普通的女人，打算结婚生子。一年后她生下了宝贝儿子，丽莎·费尔南德斯做了妈妈，幸福的滋味充满心中。

　　丽莎·费尔南德斯虽然做了妈妈，但她心里仍放不下垒球，她的人生中不能没有垒球，于是在三年后，36 岁的丽莎·费尔南德斯重返垒球场。尽管三年没有参加比赛，但她凭借丰富的经验和在俱乐部的出色表现，又被选入了美国集训队，并参加了北京奥运会的全美巡回赛。

遗憾的是丽莎·费尔南德斯的状态一直没恢复到最佳，主教练迈克·坎德雷非常希望自己的爱徒丽莎·费尔南德斯能够早日恢复到雅典奥运会时的状态。

2008年北京奥运会上，教练坎德雷考虑到丽莎·费尔南德斯年龄过大，而且当时许多年轻队员也正在不断成长，没有再给这位驰骋垒坛近十年的老将参赛的机会，只将她列为大名单外的候补队员，这意味着只有当正选队员出现伤病不能参赛时，丽莎·费尔南德斯才有可能作为替补上场参赛。丽莎·费尔南德斯虽然未能作为主攻参赛，但教练坎德雷说："丽莎·费尔南德斯始终是我眼中最好的运动员。"可见教练对丽莎·费尔南德斯的评价之高。

北京奥运会丽莎·费尔南德斯没能上场，垒球迷们感到很遗憾，但她在赛场上的飒爽英姿，那顶垒球帽下冷峻的面孔、俯下身时那潇洒的奋力一掷和投球时那一声声令对手胆寒的怒吼，一个个精彩瞬间载入国际垒坛史册，并影响着一代又一代的垒球运动员。

陈一冰点评

　　每一个团队都有一个领军人物，在团队中起到引领和激励作用，做好团队的表率是领军人物必须做到的，因为表率是团队的标杆和希望，他们不会受困于现有的条件和环境，而是会主动带领全体伙伴积极地去创造环境，营造活力磁场。这样团队成员的积极性才高，整个团队的士气才高。团队要想取得成绩，占据领先地位，所有成员必须向表率看齐，要用更高、更远、更强的标准要求自己，争做团队的表率，这样星星之火才能呈燎原之势，才能开创出新的天地。

　　就拿体操队来说吧，从李大双、李小双那一代，到李小鹏、杨威，再到我们这一代，直至现在张龙科这一批队员，一直都有成绩优秀的带头人。

　　但是，无论由多么优秀的队员组成的团队，如果不能够培养大家的团队意识，那么这个队伍也只能是一盘散沙。

　　如果只依靠个人的力量，即使是一个天才运动员，想要取胜也是不可能的。只有将团体的力量发挥到极致，才能为整个团队带来最终的胜利；而只有团队胜利了，个人才能胜利；反之，团队输了，个人的青春再美好，也无法挽回整个败局。

就像巴西足球队一样，以"明星球队"著称，却被法国队屡屡击败。有专业评论员指出，那是由于巴西队的成员更多地将比赛视作一场个人秀，而不是团结协作、同心协力地踢球。

垒球运动的发展历史

垒球运动由棒球运动演变而来，1887 年起源于美国。当时，美国芝加哥弗拉加特划船俱乐部的乔治·汉考克和明尼苏达州的消防队员莱维斯·罗伯，为了在风雨天气和严寒季节能在室内打球，分别对 1839 年美国的棒球场地、用具和规则进行了修改，并给这种新的"棒球"定名为"室内棒球"（Indoor baseball），后又移到室外进行比赛，但其规则、方法既不同于原来的室内棒球，又有别于室外棒球。开始取名为"软球"（Mushball），又改称"游戏场球"（Play ground ball），俗称"女孩球"。1922 年，"女孩球"被命名为"方块球"。1926 年，科罗拉多州的丹佛青年基督教协会的沃尔特·哈康森建议把它定名为"垒球"，并成立了科罗拉多业余垒球协会。垒球在美国普及的同时，也传到了世界其他国家。1933年，在美国成立了业余垒球协会，并成立了国际联合规则委员会，统一了垒球的竞赛规则，并将其定名为"Softball"，称为垒球。

垒球与棒球的区别

在中国，垒球是个冷门项目，大多数人都不了解它，将它与棒球混淆，认为这个项目如果是女子参加，就叫"垒球"，男子参加就叫"棒球"。实际上，垒球与棒球有相同之处，也有不同之处。

相同点：垒球和棒球的场地和器材相似，竞赛规则也基本相同。

不同点：

1. 球体和场地不同：垒球球体较大，场地较小，垒间和投球距离也比较短。

2. 竞赛规则不同：垒球投手限用低手投球，跑垒员须待投手投球离手后才能离垒跑进。而棒球投手采用举手过肩的办法投球。垒球的比赛局有七局，而棒球有九局。

欣赏别人，你才能正确地欣赏自己

每一个人都是别人眼中一道亮丽的风景线。

古语云："欲将取之，必先予之。"

"汝爱人，人恒爱之。"

只有互相欣赏，才能团结一致，共同进步。

善于理智欣赏别人的人，

一定会得到更多人的欣赏和帮助。

✦男子跳水✦

水花中的"双人蝶"

既生佳，何生亮

2005 年 10 月 1 日晚，十运会进入第五天，跳水决赛赛场上，上演了一场龙虎斗，经过预赛、半决赛和决赛的激战产生了男子 10 米台的跳水金牌。田亮代表陕西队出战，最终获得了冠军，胡佳代表广东队出战，获得了亚军。

本场比赛一开始，田亮就凭借自己最拿手的高难度动作得到了高分，并把与胡佳的积分差距缩小。第 2 跳中，田亮和胡佳都发挥正常，水平相当：田亮得分 92.40 分，胡佳得分 90.78，此时，两人的积分差距非常小，并且远远超过了后面其他选手。第 3 跳田亮出现了小的失误，只得了 75.60 分，而胡佳以 91.80 的高分重新拉开了和田亮的差距。然而这次失误并没有影响到田亮后面的发挥，在第 4 跳中，他竟跳出了 101.52 的高分。最终田亮翻盘，获得了这枚引人关注的男子 10 米台跳水金牌。

胡佳和田亮，都是国家跳水队优秀队员，从第一次站上跳台就注定是竞争对手。然而，胡佳生不逢时，田亮在国家跳水队的时候，他在大赛上总是输给田亮，被人称为"千年老二"，胡佳的技术像教科书一般标准，而田亮却更胜一筹。有竞争就有矛盾，一直被压着的胡佳不管是在比赛中还是在平常训练时都会跟田亮有些小小摩擦。也有跳水迷们为胡佳感到惋惜，发出"即生佳，何生亮"的感叹。

让对手成为搭档

作为跳水运动员，胡佳和田亮不仅仅要参加个人项目，在进行双人跳水时还要成为搭档，一起迎接比赛。一开始，胡佳对于这种从对手变为搭档的转变很不适应，甚至有时还会因为带着个人情绪，而要求队里把他们这对双人组合分开。2000 年悉尼奥运会上，这对双人组合由于胡佳的失误憾失金牌，获得亚军，也是从这一次开始，胡佳从内心深处认识到，只有转变自己的想法，摆正自己的心态，与田亮相互合作，才能够发挥出最好的状态，从而取得更好的成绩。

后来，他俩一起训练、一起探讨，默契配合，最终成为一对心有灵犀的水中"双人蝶"。而在以后的比赛中两人相互配合，取得了优异的成绩：

2001 年第二十一届大运会中田亮、胡佳闪亮登场，以350.88 分的成绩夺取本届大运会跳水比赛的最后一枚单项比赛金牌——男子双人跳台金牌。

田亮和胡佳发挥非常好，只有第 3 跳略低于朝鲜选手，其他的每一跳得分都位列第一，而且第 4、第 5 跳都获得80 分以上的好成绩，尤其是第 4 跳"向内翻腾三周半抱膝"获得了 86.40 的高分，赢得了全场的掌声。

2001 年世锦赛中，田亮、胡佳再度联手，在男子跳台双人赛中，他们凭借扎实的功底以及和谐统一的配合，又一次取得了好成绩。在决赛中，对手实力都很强，比如墨西哥的普拉塔斯、俄罗斯的洛卡欣、澳大利亚的纽贝里等，他们都在奥运会和世锦赛上获得过好成绩，但田亮和胡佳毫不畏惧，他俩一个动作一个动作地拼，最终一个一个地将对手击败，获得了本届世锦赛的冠军。

　　赛前，人们普遍认为，除中国选手外，俄罗斯的组合洛卡欣和科尔梅里欣，以及德国的海姆佩尔和梅耶都有实力竞争奖牌甚至金牌。但是五轮比赛下来，中国组合田亮、胡佳一路领先，最终以 361.41 分的成绩为中国跳水队添上了一枚金牌。

　　虽说竞争让胡佳和田亮成为跳台上的对手，但是两个人从对手变成搭档，变成配合默契、心有灵犀、人人喜爱的水花中的"双人蝶"，赢得了跳水迷们的喜爱，也获得了世界体育界的赞誉，在中国跳水史上写下辉煌的一页。在一次赛后采访中，胡佳告诉记者是因为田亮的存在才让他有了今天的成功。

·陈一冰点评·

曾经看到过这样一则寓言：一头狮子和一匹狼同时发现了一只鹿，于是商量好一起合作捉到鹿，并分享食物，结果半路狮子起了贪念，不想把鹿肉分给狼，于是就和狼争斗起来，并把狼咬死。为了除掉狼，狮子耗费了大量的体力，最终没有捉到鹿；狮子战胜了狼，但却失去了鹿，失去了可口的美餐，这种赢又有什么用呢？

在人类社会里，你不可能将对方绝对毁灭。单赢策略、个人英雄主义是站不住脚的，只为自己打算的人是得不到永久的利益的，只会被别人分而食之。我们何必像狮子一样如此贪心，利益独享呢？

奥运精神提倡团结协作，实现双赢，双赢就是把生活看作是一个合作的舞台，而不是一个角斗场，然而，双赢固然是我们所向往的，但只有在大环境下每个人心中都有双赢的想法和行动，相互欣赏、相互配合，才能实现真正的双赢。

团结互助依赖于相互欣赏，因为没有欣赏，就没有合作。只有相互欣赏，才能互相取长补短，才能共同学习进步；只有相互欣赏才能共同完成每一件事情。

　　相互欣赏是打造黄金团队的前提。如果你只看到自己的长处，看不到自己的短处或者只看到别人的短处而看不到别人的长处，那么你永远是孤家寡人，永远不能融入这个和谐的团体，这非常不利于团结。因此，我们应该做到尊重别人，学会欣赏别人，克服自身的不足，团结身边的每一个人，真正做到相互鼓励，相互欣赏，相互促进，这样才会不断进步。

跳水运动历史久远

跳水运动，是从高处用各种姿势跃入水中，或是从跳水器械上起跳，在空中完成一定动作姿势，并以特定动作入水的运动。它是一项优美的水上运动，包括实用跳水、表演跳水和竞技跳水。

跳水运动有着非常悠久的历史。从人类学会游泳之后，就用一些简单的动作来进行跳水运动。最早的跳水运动可以追溯到公元前 5 世纪，在古希腊花瓶上就有描绘一群可爱的小男孩正头朝下作跳水状的图案。而在我国宋代就有一种名为"水秋千"的辅助跳水工具，人们可以利用"水秋千"完成一些花样动作。可见，跳水运动在很久以前就存在了。

非竞赛性跳水

除了奥运会中进行的正式跳水项目外，在日常生活中还有一种非竞赛性跳水，这种跳水有实用性跳水、娱乐性跳水和表演性跳水三种形式。实用性跳水是以生产、军事、救护为目的进行的跳水活动；娱乐性跳水是以娱乐、健身为目的进行的跳水活动；而在一些盛大节日或在跳水比赛结束后也会进行一些花样跳水、特技跳水、滑稽跳水等表演性跳水，为了使现场气氛更加活跃，有的时候也会运用竞技跳水中的动作来丰富表演内容。

◈网球女双◈

我们是最佳默契奖

两匹"黑马"

2004 年 8 月 23 日，希腊奥运会上，五星红旗在网球赛场上高高升起，每一个中国人都为之激动。网球一直是我国的弱势项目，夺冠是想都不敢想的事情，然而李婷和孙甜甜却把这个想都不敢想的事情变成了现实。她们成功的见证除了金光闪闪的金牌，还有那晒得黝黑的肤色，她们成为雅典奥运会上名副其实的两匹"黑马"。

李婷：1980 年 1 月 5 日出生于湖北省，1987 年进入武汉体育馆练习网球，1996 年赴美国尼克网球学校学习 6 个月，1997 年进入国家队。

孙甜甜：1981 年 10 月 12 日生于河南省郑州市，1989
年开始在河南省业余体校练习网球，1993 年进入河南省队，
2000 年被调入国家集训队，经过近两年的国外比赛和训练，
孙甜甜在技术、战术方面都有了很大的提高。

李婷和孙甜甜来自不同的地方，不论是生活习惯还是性
格脾气，都不大相同，因此，开始的时候两人并不合拍，
配合得不是很好，曾经也闹过矛盾，但两个人能够相互谅
解、包容，才有了后来的默契。经过慢慢地磨合，她们在
教练的指导下及时沟通，开诚布公地说出自己的意见和想
法，两人各自寻找对方的优点，弥补自己的不足，共同学习，
共同进步，实力日渐强大起来。

光脚不怕穿鞋的

在李婷、孙甜甜未赢得冠军之前，中国的网球水平不尽
如人意，因此，中国网球队要求运动员只立足于拼搏，不
注重比赛结果，只要打出风格，发挥出应有的水平就可以。

在第一轮比赛中，李婷和孙甜甜的对手是冠军热门大威

廉姆斯与鲁宾的组合。想到自己是种子选手里最弱的一对，而抽到的是种子选手里最强的一对，李婷和孙甜甜感觉比赛结果胜少败多。但李婷和孙甜甜以"光脚不怕穿鞋的"的心态轻松上阵，在最后她们不但打败了这对夺冠热门选手，还一路过关斩将，闯入了决赛，对手是西班牙的马丁内兹和帕斯库尔组合。

开场后是孙甜甜的发球局，她非常注意自己的发球落点，并将球发给年龄较大的马丁内兹，这一策略非常成功，所以，李婷和孙甜甜轻松保住了发球局。第二局比赛，是帕斯库尔的发球局，李婷和孙甜甜利用对手的失误得到两个破发点，李婷正手抽击得分，破发成功，以2∶0领先。第三局是李婷的发球局，由于李婷的失误，比赛打得很被动，让西班牙组合得到了三个破发点，帕斯库尔网前截击得分，马丁内兹和帕斯库尔破发成功，这时比分变为1∶2。

孙甜甜不但没有责怪李婷，还一直鼓励她："我相信你，一定能行的！"而且两人只要发现对方的问题就随时提出来，一起商量解决方案。正因为有了及时有效的沟通，才让她们能够齐心协力，保持稳定的心理状态，把水平发挥得淋漓尽致。

在之后的比赛中，双方各自保住发球局，六局战罢，比分为３∶３平。第七局也是关键的一局，李婷、孙甜甜是豁出去了，开始李婷以一记漂亮的正手球得分，接着孙甜甜又是一个网前高压杀球得分，这两个关键球让李婷、孙甜甜保住了发球局，并且以４∶３领先。到了第八局，是马丁内兹的发球局，被李婷、孙甜甜再度破发得分，并以５∶３领先。第九局比赛凭借孙甜甜一记漂亮的底线传越球，拿到盘点，并以６∶３的总比分拿下首盘比赛。

两匹"黑马"越战越勇，又以６∶３的比分拿下第二盘比赛，最终以２∶０的总比分击败西班牙选手，夺得雅典奥运会网球女双冠军。

赛后这对"黑马"在接受记者采访时说："我们是最佳默契奖！"

陈一冰点评 ★

　　每年秋天，大雁都会成群结队地飞向南方，第二年春天再飞回原地。有关专家长期研究了大雁群飞行时的"人"字阵形，发现这种阵形使得大雁群飞比孤雁单飞更省力，因为当一只大雁拍击翅膀时，同时会为后面的大雁制造上升的气流。

　　当领头的大雁疲劳时，它就会退到"人"字形的后方，让另一只大雁占据领头位置，而后面追随的大雁则会发出"嘎嘎"声为领头大雁助威。如果哪只大雁掉了队，它马上就会感受到独自飞行的强大气流阻力，必须尽快重新回到队伍中去。如果哪只大雁受伤了，总会有两只大雁随着它一起飞到地面来保护它，并且它们会再次组成自己的小"人"字形队伍，直到加入新的雁群或是赶上之前的队伍。

　　大雁组成的团队不仅仅团结互助，更体现出一种默契和共识。在大雁南飞的长达万里的旅程之中，它们要面对猎人的枪口，经历狂风暴雨、电闪雷鸣，以及寒流与缺水的种种威胁，但正是依靠这样一种默契，每一年它们都成功往返。

　　团队成员之间是否能团结协作，彼此之间的默契程度是成功与否的关键，也是团队能否发挥最大潜能的关键。

团队的默契源于成员的共同目标，源于彼此的沟通和相互之间的宽容对待，也源于时间的磨合。拥有这种默契的团队势必在成功的道路上领先一步。

相信大家都了解春秋时期管仲与鲍叔牙的故事，管仲小时候家里很穷，与好友鲍叔牙合伙做点小生意。管仲没有钱，因此出的本钱比鲍叔牙少很多，可到分红时，鲍叔牙会多分点给他。鲍叔牙的手下觉得这样很不公平，都说管仲贪得无厌，鲍叔牙却说："管仲家里人口多，用钱多，是我自愿多分给他的。"管仲带兵打仗时，胆小怕事，手下的士兵对他很是不满，鲍叔牙却替他辩解道："管仲家有年迈的老母，他为了孝顺老母才这样的，并不是他真的怕死。"鲍叔牙之所以如此袒护管仲，是因为他十分了解管仲，知道他是一个不可多得的人才，只是还没有机会施展他的才华。管仲感叹道："生我的是父母，了解我的是鲍叔牙啊！"就这样，管仲和鲍叔牙成了最亲密的朋友。后来，在鲍叔牙的极力推荐下，管仲成了齐国宰相，大施其才，帮助齐桓公成为春秋五霸之首。

鲍叔牙欣赏管仲，百般袒护，连齐桓公的重用都心甘情愿地让给管仲，可见，欣赏别人要有多大的气度与胸襟。

欣赏别人，需要的正是这种气度，比如你的搭档在比赛中出现失误，你应该去包容、去理解，而不是去指责、去挑剔。这样，才能团结一致，共同赢得比赛，这种气度也正是奥运精神所倡导的。

宫廷里的游戏

12 世纪，法国北部的传教士在室内玩一种用手掌击球的游戏，后来，有人把这种球类游戏引入法国宫廷，成为皇室贵族男女娱乐消遣的一种游戏，这就是网球的雏形。

最早，玩这种游戏时没有网也没有球拍，在宫廷内的大厅里，场地中间以一条架起的绳子为界，玩游戏的人站在绳子两边，将布卷成的球从绳子上扔来扔去，法语称之为"Tenez"，而英语称为"Take it！Play"，汉语的意思就是"抓住！扔过去"，今天"网球"（Tennis）一词也正是源于法语"Tenez"。

为什么女子打网球时都在裙边藏个球

在观看女子网球赛时，会看到运动员把球藏在裙边。其实，在运动员的裙子里有一条弹性短裤，这个球是藏在裤子里面的。

最早也有女选手将网球用夹子夹住别在腰部，但是由于运动幅度大，球很容易脱落，后来就不用这种方法了。

另外，把网球放在身上与发球节奏和规则有关，按规则，每个发球局中，运动员在有限的两个发球机会之间的间隔不能超过 20 秒，如果网球不在身边，会耽误发球时间，分散球员的注意力，打乱球员的发球节奏，因此，女选手都自带两个球，并将球放在裙下短裤里。

★男子跳远★

最伟大的一跳

有千里马还要有伯乐

当一个天才受到致命的打击，即将半途而废时，一个和蔼的师长、一个友好的对手、一个没有任何私心杂念的人，一次次站出来，为他提建议，给他帮助，甚至帮助他创造了伟大的奇迹。这一切不为别的，只为欣赏他的才能。这个无私的人就是波士顿，而被帮助的天才就是比蒙。

比蒙 1946 年出生在美国纽约，从小失去父母，他在纽约贫民窟中长大。比蒙出生的地方就像丛林一样，只有两种娱乐方式，一种是体育，一种是打架，如果你不爱体育，那就只剩下打架一种"休闲方式"了。由于环境的影响，比蒙沾染了很多不良习惯，抽烟、酗酒、贩毒什么都干。养父无奈之下只好将他送到少年管理学校，在那里比蒙爱上了体育，开始打篮球、练田径，因为在那时，如果男孩子篮球打得好，跑得快，跳得远，就会被人崇拜。

比蒙非常迷恋跳远，常常一个人在沙坑场地跳上半天。他说："跳远让我入迷，我一定要跳出好成绩。"

然而，事情并没有比蒙想象的那么顺利。比蒙凭借着出色的体育天赋，进入了大学，并先后在三所大学里学习，就在他到墨西哥参加奥运会之前，由于比蒙拒绝代表自己所在的大学参加田径对抗赛，而被取消奖学金，学校还撤回了专门给他配备的教练。

正在比蒙不知所措时，一个出色的运动员向他伸出了援助之手，他就是波士顿。波士顿曾经获得过罗马奥运会的跳远冠军，1965 年还创造了 8 米 35 的世界纪录。波士顿比比蒙大 7 岁，学校拒绝给比蒙提供教练后，波士顿就主动担任起比蒙的教练。

最伟大的一跳

1968 年，第十九届奥运会在墨西哥举行，比蒙如愿以偿地参加了那次奥运会。但是，由于过度紧张，在跳远预赛中，比蒙两次试跳都犯规了。这时，他更加急躁，波士顿并没有责怪他，而是把他拉到一边，对他说："比蒙，你有实力，你一定能进入决赛，我相信你！"

说完后，波士顿在距离起跳点还有一小段距离的地方做了一个记号，告诉比蒙："记住，从这里起跳！"

结果，比蒙顺利通过了预赛。

1968 年 10 月 18 日，跳远决赛正在进行，轮到比蒙上场了，波士顿走到比蒙身边，对他说："比蒙，我欣赏你的才能，你一定行！"比蒙一边想，一边在心里不停地对自己说："切记，不要犯规！不要犯规！"

该比蒙跳了，助跑前，他停顿了大约 20 秒，然后冲了出去，一路加速，到了起跳之前的一瞬间，他有意识地放慢了速度，调整了步幅，完美地踩上踏板，奋力一跃，用整个身体画出一道非常优美的弧线！

就这一跳，比蒙把在场的所有人都震住了，因为他竟然跳到了沙坑外。坐在解说席上的解说员跳起来惊呼道："天啊，难以相信的一幕，比蒙竟然跳出了沙坑！太厉害了！"

站在一旁的波士顿兴奋地拉住上届奥运会跳远冠军戴维斯说："这一跳肯定有 28 英尺（相当于 8 米 50）以上。"

戴维斯不敢相信，疑惑地说："这只是第 1 跳，能有那么远吗？应该不会的！"于是，走过去看裁判的测量。负责测量的裁判一边拿起皮尺走向沙坑，一边嘟囔道："这一跳太精彩了！比蒙真是好样的！"

成绩出来了，比蒙跳出了 8 米 90 的成绩。

其他选手都失去了再跳下去的信心，沮丧地说："和这样的对手比赛，就像小孩跟大人比赛，根本没法比。"戴维斯走到比蒙身边，气愤地说："小子，你毁掉了这次比赛！"比蒙不明白戴维斯为什么会这么说，只知道自己破了世界纪录，他向波士顿投来求救般的眼神。波士顿一把抱住比蒙，兴奋地大叫："你跳了 29 英尺！太棒了！"

比蒙这一跳，被人们称为"最伟大的一跳"。

比蒙的这个 8 米 90 的纪录一直保持了 23 年之久，直至 1991 年的东京世界田径锦标赛，才被美国跳远运动员鲍威尔打破，新的世界纪录是 8 米 95。比蒙这一纪录也成为保持时间最长的世界纪录之一。

·陈一冰点评·

懂得欣赏的人是伟大的。欣赏，使平凡之人成就事业，失足之人重归正道，垂丧之人找回自信。因为欣赏，世界才变得如此丰富多彩。

韩愈名作《马说》中写道："世有伯乐，然后有千里马。千里马常有，而伯乐不常有。"

现代社会，人才比比皆是，可能够识别人才、欣赏人才，让这些人才在适合自己的位置上发挥才智的人并不多，因为千里马难得，伯乐更难得，能够发现人才的人比人才更难得。

一个人有才学，但不一定有展示的舞台；而有伯乐，就一定能让千里马发挥真正的才能，伯乐来到这个世界，就是为寻找千里马的。

无论是谁，都希望能承担一项重要任务，因为这样可以得到别人的肯定和赞赏，并从中获得极大的满足感，如果有人帮助他实现了这个愿望，他自然就会对这个人心生感激。因此，当你希望他人赞赏你、肯定你时，就要用同样的态度去对待他人、欣赏别人，这样你才能得到他人的欣赏。

欣赏别人，就像是一道桥梁，连接着你和他，让人与人之间相互理解、相互沟通。欣赏是一种信任和肯定，需要不断地给予他人激励和引导。

人无完人，每个人有长处，也有短处，我们应该懂得欣赏别人，多发现别人身上的闪光之处，并学习这些长处，弥补自身的不足，从中汲取提升自身的能量，为自己奠定坚实的基础。

事实上，当你真正懂得欣赏别人时，正是别人真正欣赏你的时候，"汝爱人，人恒爱之"正说明了这个道理。

奥运会第一个冠军竟被哈佛开除

美国运动员康纳利参加了第一届现代奥运会的第一个比赛项目——三级跳远，并以优异的成绩首创现代奥运会三级跳远的纪录，赢得了现代奥运史上第一个冠军。

当时康纳利还是哈佛大学的学生，当他从雅典回来后，却被大学以"破坏校规"为名开除了学籍。这是因为当初校方不同意康纳利去雅典参加奥运会，而倔强的康纳利违反了校规，自费赶到雅典参赛。

50 多年后，哈佛大学才承认了自己的错误，恢复康纳利当时的学籍，并授予康纳利名誉博士学位，以此肯定康纳利对奥运会所做的贡献。

手握哑铃跳远

古时候，跳远比赛时，运动员会两手各握一只哑铃，起跳时身体尽量向前，哑铃可以产生一种带动身体向前的推动力，可以使跳远的距离更远。

　　据说，当时的比赛规则是，如果运动员的双脚不能在沙地上留下清晰的印记，就没有成绩，握着哑铃跳远，可能也是为了增加身体的重量，使双脚在沙地上的印记更加清晰。

　　有人曾用哑铃做过这种跳远试验，发现要想落地时双脚留下清晰的印记，就必须在腾空降落过程中，当双手高于肩部时抛出哑铃，假如双手一直拿着哑铃，很可能会在落地时向后坐在地上；而且，如果抛出哑铃时手位较低，身体又会向前摔。可见，那时的跳远运动员需要反复练习，才能掌握好这一高难度的技巧。

★ 羽毛球混双 ★

你的优点正是我的缺点

训练中的小插曲

在高手如云的中国羽坛，张军的名字总是跟高凌一起出现。作为混双搭档，他们获得了两届奥运会羽毛球混双冠军，开创了中国混双羽毛球在奥运会上卫冕夺冠的先河。

高凌：1980年生，湖北武汉人，8岁进入业余体校，1992年入省队，1997年进入国家队。与张军配对两届奥运混双冠军，还多次夺得女双世界冠军。

张军：1977年生，江苏苏州人，1986年进入苏州市体校，

1991 年进入江苏省体工队，1996 年进入国家二队，后进入国家一队。与高凌配合获得两届奥运会羽毛球混双冠军。

张军在球场上比较容易急，高凌则稳重一些，在场上，高凌经常会提醒张军说："没关系，先把球打起来再说。"张军很欣赏高凌的沉稳性格，就是这种欣赏让他们俩成为黄金搭档。

张军、高凌虽然是黄金搭档，但在平时的训练中有时也闹点小别扭，而且还互不相让。

张军曾经是男双运动员，后来开始专攻混双。混双与男双对男运动员的要求有很大的差异，混双要求男运动员跑动的范围更大，需要承担的压力和责任也更多，头脑要更灵活一些。张军一时有些不适应，于是生气闹别扭这些训练中的小插曲也时有发生。

有一次，在马来西亚训练，一个球落在前场和中场之间，高凌认为应该张军上来打，而张军则认为应该高凌打，两人为一个球争了十多分钟，互不相让，谁也不理谁。训练结束后，张军想了想，觉得男人还是应该大度一点，就买了一瓶饮料给高凌，说："咱们场上归场上，场下归场下，你就不要再生气了。"高凌咧嘴一笑，拿着饮料喝起来，两个人的争执就这样一笑而过。还有一次，张军、高凌与一对德国选手打比赛，两人的意见又不统一了：张军主张不要起球，争取抢攻，高凌则认为对方心理上比较惧怕他们，应该控制后场。两人又较上劲了，最后干脆各打各的，还好那次对手比较弱，最后他俩还是赢了。

不过，产生分歧的情况不多，为了比赛，尤其是在关键场次上，张军和高凌从来没有闹过别扭，每次都是在场下就商量好该采取什么战术，达成共识后再上场比赛。这大概也是多年来他们屡创佳绩的一个重要原因。

三次"反败为胜"

悉尼奥运会上，张军和高凌经历了三次"反败为胜"才夺得冠军。他们的第一场比赛打得很不顺利，高凌自己说是"狼狈地取得了胜利"。比赛虽然赢了，但却是那种"好输不如赖赢"的"赢"。这是他们第一次"反败为胜"。

第二次"反败为胜"是在半决赛。本来张军、高凌在决胜局比分已经领先很多，但却被对手反超，一度比较被动，幸好两人及时做出调整，抓住机会"反败为胜"，拿下了决胜局。

第三次"反败为胜"，是在决赛时，对手来自印度尼西亚。第一局，张军、高凌竟然只得到 1 分，让对手打了个 15 : 1，输得非常惨，但后两局两人奋起反击，获得了冠军。

每次紧要关头，高凌都会提醒张军："不要急，我们一定能追回来。"

这次比赛，命运似乎格外垂青张军、高凌。不过，金牌的获得也是由张军、高凌的性格决定的：一个"命大"，一个"命硬"，一个打不死，一个死打，于是，成就了他们的冠军梦。

后来，张军回忆说："当时的感觉，一直历历在目：球落了地，自己感觉很兴奋，没有觉得奥运冠军有那么不容易。只要沉下心来打，一切皆有可能。其他奥运冠军都会激动得流泪，但是我和高凌没有，我们都很开心，一点没有什么辛苦的感觉，反而感觉自己太容易满足了。本来我们不是冲着冠军去的，我们就是去拼，爱拼才会赢。"

有惊无险的奥运冠军

从悉尼到雅典，张军和高凌已经从当年的一对普通选手成长为国际羽坛的一对名将。

在爆冷夺得悉尼奥运会混双冠军后，大家都认为他们在雅典奥运会收获金牌是顺理成章的事。但是谁能料到，雅典的决赛，着实让张军和高凌冒了一身冷汗，颇费了一番周折。

决赛对手是一对英国选手，在平时的比赛中他们对张军、高凌的胜率非常低。这次却不同，张军、高凌赢得比较艰辛。第一局，张军、高凌以 15 ：1 赢得非常轻松。但在第二局，对方及时调整了战术，张军、高凌一时适应不了，结果输掉了这一局。张军后来回忆说："当时，我的脑海中一下子浮现出了 4 年前的情景。那时，我和高凌在第一局仅得一分的情况下，上演大逆转，最终夺冠。情形和当年是多么相似。我当时就想，是不是 4 年前那个冠军本不属于我们，这一次该我们要拿了，又不让我们拿走。"

在决胜局，张军、高凌的比分一直落后。这时，沉稳的高凌说："没关系，反正奥运冠军我们也拿过了，就算输了又能怎么样。"张军也在心里告诉自己："为什么不放手一搏呢？"经过一番心理斗争和调整，最后两人都放开了手脚，有惊无险地蝉联了奥运会冠军。

赛后，张军说："是高凌的稳重让我们赢了这场比赛！"

如今，张军、高凌已双双退役，今后，我们在羽毛球赛场上再也看不到他们的精彩表演了，但是他们已在中国奥运史上绘上了鲜亮的一笔。

陈一冰点评

　　麦当劳公司的创始人克洛克曾经说："世上没有什么东西可以取代团队的力量。才华不能取代，因为有才能而失败的人到处都是；天才不能取代，因为才华横溢又毫无进取心的人数不胜数，唯有团结互助者能够无所不能，最终获得成功。"

　　我们仔细想想，现实确实是这样的，可以独立完成的事情几乎是没有的，每一件事情都需要合作互助。而且随着科技迅猛发展，越来越多的工作靠一个人的力量是根本无法完成的，因此，我们应该把奥运精神之团结协作运用到实践中去，学会欣赏他人，和他人和谐共处，互相帮助，资源共享，形成合作力，这样才能登上成功的顶峰。

　　那些成功人士之所以能够成就大业，就是因为他们懂得宽容。诸葛亮七擒孟获，又使其自制族人；祁黄羊举贤不避仇人，这是君子的宽容。相反，西楚霸王项羽在各个方面都比刘邦高一等，但项羽不如刘邦惜才、识才，最终落了个自刎乌江的下场。曹操因为不能容忍才华出众的杨修将自己完全看透而置其于死地，因而后来吟遍"月明星稀，乌鹊南飞"人才无枝可栖也是必然的结果。

　　这些史实告诉我们：要欣赏别人，更要学会宽容。大肚能容天下难容之事，要有宰相的大度。

　　其实，相互欣赏就是一种互补，优势互补，你的优点正好是别人的缺点，相对来说，会更吸引对方，对方就会欣赏你，会愿意向你学习，因而会相处得特别融洽。

　　雨果说："世界上最宽阔的是海洋，比海洋更宽阔的是天空，比天空更宽阔的是人的胸怀。"

　　我们每个人都该拥有海纳百川的胸怀，宽容地欣赏别人，只有这样，你才能得到更多人的帮助，才能一步一步向自己的目标迈进。

羽毛＋瓶塞＝羽毛球

在很久很久以前，英国贵族喜欢佩戴插有羽毛的礼帽。一次庆功宴上，大家有吃有喝，有说有笑，非常高兴。一个聪明的士兵为了让宴会的气氛更加热烈，灵机一动，将头顶礼帽上的羽毛拔下来插在香槟酒的木塞上面，在空中打起来。大家用手掌你打给他，他打给你，自制的"羽毛球"在空中飞来飞去，玩得很有兴致。慢慢地宴会上玩这种游戏的人越来越多，于是，自制"羽毛球"也在不断改进，越来越好打，直至出现今天的羽毛球。

为什么将"伯明顿"（Badminton）定为羽毛球的英文名？

浦那游戏，是一种类似羽毛球运动的游戏，早在两千多年前就在中国、印度流行，中国叫打手毽，印度叫浦那，西欧等国则叫作毽子板球，是一种隔网用拍子来回击打毽球的游戏，这项活动极富趣味性，所以很快就在上层社会社交场所盛行起来。

　　1873 年，一位叫鲍弗特的英国公爵在格拉斯哥郡的伯明顿镇自己的庄园里举行了一次"浦那游戏"表演，在当时引起极大的反响，使得这种室内游戏迅速传遍英国。于是，"伯明顿"成为这项活动的代称，这项活动慢慢演变成羽毛球运动，"伯明顿"这个词一直被延续使用到现在。

女子排球

"踮"出的世界冠军

为前途而忧伤

刘亚男，中国女排运动员，副攻，来自辽宁队，连续入选国家青年队和国家队，2004年雅典奥运会冠军主力队员。

刘亚男戏称自己是混进排球队的。当时，辽宁女排进行入队测试时，有一条标准：女排队员身高必须超过1米80，可那时刘亚男刚好1米79。机灵的她在量身高时趁人不注意稍微踮了一下脚跟，这一"踮"踮出了一个世界冠军。

刘亚男进入辽宁女排之后，由于她技术全面，脑子聪明，打球灵活，被国家队主教练陈忠和看中，入选了国家队，但当时的国家女排已经拥有一批优秀选手：赵蕊蕊，被誉为"移动长城"；冯坤，号称"场上精灵"；杨昊，人称"笑面杀手"；等等。国内身材高、条件好的副攻手也很多，与这些优秀队员相比，刘亚男似乎并不起眼，当时刘亚男的个子还没长起来，因此，显不出什么优势来。

刘亚南觉得自己的前途十分渺茫，就在看不到希望的时候，她又在一次比赛中，右肩拉伤，开始刘亚男不敢对陈忠和教练说自己受伤的事，她想坚持一下也许就没事了，可一到扣球手臂挥动的时候，她的右肩就疼痛难忍，无法发力，无奈，只好向教练道出了实情。因为伤情严重，接下来的一年，刘亚男不想练了，可不练又不甘心，内心很矛盾，为此，她不知流了多少眼泪。

我是不会放弃你的

陈忠和教练爱才、惜才，他觉得刘亚男会成为一名优秀的运动员，于是对她说了一句鼓励的话，这句话彻底改变了刘亚南的命运，陈忠和教练说："只要你自己不放弃，我是不会放弃你的。"

　　这句话像黑暗中的一簇火苗照亮了刘亚男的心，她终于明白了一个道理：在这个世界上能改变自己命运的，只有自己，只要自己永不言弃，别人是不会放弃你的。

　　她开始忍着肩膀的伤痛训练，只要肯动脑筋，坏事也会变成好事，正因为训练中肩膀隐隐灼痛，才促成了她开动脑筋以巧制胜的本领，她的技术迅速提高，在队里起到了不可替代的作用。

　　她成为队内技术最全面的选手，发、扣、拦、垫等项技术，她都运用得十分娴熟。她在前排扣球的适应能力极强，不仅能扣前快、背快、短平快、背飞或背溜等战术，而且打手出界的技巧也掌握得特别好，在比赛中起到了"四两拨千斤"的效果。她在前排不仅与赵蕊蕊一样，是快攻、拦网的主要队员，还是队内一传的核心人物之一。由于技术全面，刘亚男打球十分灵活，常常让对手措手不及，一位体育记者用相声大师马三立的一句话打趣道："刘亚男打球'逗你玩'。"他以此来夸奖刘亚男头脑清楚、打吊结合手法掌握得非常到位。

　　陈忠和教练的那句话，刻在刘亚男的心里，刘亚男常常用这句话鼓励自己，她说："如果没有陈指导的鼓励，我就不会坚持到现在，也就不会有今天的奥运冠军刘亚男了。"

　　陈忠和教练的这句话，不仅仅是说给刘亚男的，也说给我们每一个人，在人生的长河中，如果我们自己不放弃，别人又怎么能真正地放弃我们呢？

陈一冰点评

　　培根说过："欣赏者心中有朝霞、露珠和长年盛开的花朵，漠视者冰结心城，四海枯竭，丛山荒芜。"

　　欣赏的力量是无限的，它会让身在低谷的你燃起雄心大志，冲向世界的顶峰！屠格涅夫的鼓励造就了托尔斯泰的成功，每个成功人士的背后都离不开他人的鼓励，而欣赏是最好的鼓励。

　　在我们的生活中，每个人都希望得到他人的欣赏，那么就需要学会欣赏别人，你懂得欣赏别人，才能得到别人的欣赏。试想，如果大家都等着别人来欣赏，而不去欣赏别人，那永远都无法得到欣赏。因此，每个人都应该学会去欣赏别人。

　　我们在希望得到别人欣赏的同时，更要先去欣赏别人，欣赏与被欣赏是相互的，欣赏别人的人必有愉悦之心，仁爱之怀；而被欣赏的人则对自己更有信心，于是奋发向上，可见，学会欣赏是一种做人的美德。

　　人无完人，每个人都有自己的优点和缺点。只看优点而不看缺点或者只看缺点而不看优点，这两种极端的看法都是不可取的。只有学会正确欣赏别人，才能使平庸之人变得更优秀，使自卑之人变得更自信，使意志消沉之人变得进取向上……

因此，让我们摒弃自卑、自负和自满，去正确地欣赏别人吧！

沙滩排球为什么只有两个人打

沙滩排球为什么不能像排球一样那么多人一起打呢？

因为沙滩排球要求运动员的技术要非常全面，要能攻能守能传球，两个人打最能反映运动员的这些能力，如果多一个人就必定有一人专做二传手，这样就不符合沙滩排球的要求了，这也是区别于室内排球的地方，室内排球要求运动员的专业技术单一，因此，技术不全面的运动员打不了沙滩排球。

不过，也有四人制的沙滩排球比赛，与室内排球的打法很接近，但不是正式比赛项目，所以我们平时很少看到。

两人制的沙滩排球比赛虽然观赏性不强，但最能展现运动员的个人能力。我们在观看比赛时要学会看运动员在场上精湛的技术和智慧的较量，如果能从这个角度看沙滩排球，你就会找到它的可欣赏性。

沙滩排球与室内排球使用的排球一样吗

由于沙排比赛的特殊性，沙滩排球与室内排球使用的排球是不一样的。

1. 表面材质不同：沙滩排球和室内排球使用的排球体积大小相同，但其表面材质不同，室内排球的表面是皮制的，沙滩排球的表面是防水材质，以保证下雨时也可以比赛。

2. 气压不同：沙滩排球的气压要比室内排球的气压略低。

3. 球胆不同：沙滩排球内装橡胶或类似质料制成的球胆，比室内排球更加柔软，使用起来更容易上手，也容易受控制。

4. 颜色不同：室内排球的颜色更加明亮一些，沙滩排球的颜色是黄、白、橙、粉红等浅色，而室内排球的颜色是蓝、白、黄等亮色。

信任，团结协作的基石

信任，是相信并敢于托付。

信任的意义就是在一起能快乐。

信任是一种有生命的感觉，

也是一种高尚的情感，

更是一种连接人与人之间关系的纽带。

只有相互信任，

才能集所有力量于一处，

把个体信任团结到一处，

就是团队凝聚力，

团队有了凝聚力，

才能不断进步，

迅速发展。

★乒乓男双★

我相信的只有你

少年成名资质高

在 1988 年汉城奥运会乒乓球男子双打决赛中，韦晴光每打一个好球就会挥拳呐喊，让人至今记忆犹新。陈龙灿与韦晴光搭档为中国队夺得汉城奥运会的第四枚金牌，这也是国家乒乓球队获得的第一枚奥运会金牌。

陈龙灿：1965 年生，四川新都人，1973 年进入新都县业余体校，1978 年进入四川省队，1981 年进入国家队。曾获得：第三十八届世界乒乓球锦标赛男团冠军，第七届世界杯乒乓球男单冠军，第三十九届世界乒乓球男团赛冠军；与韦晴光搭档，获得第三十九届世乒赛男双冠军，第二十四届奥运会男双冠军，第四十届世乒赛男双第三名。

韦晴光：1962 年生，广西南宁人，1970 年进入南宁市业余体校，1985 年底进入国家集训队。曾获得：1984 年全国乒乓球锦标赛男单、混双和团体三枚金牌；1985 年全国乒乓球锦标赛男双、混双两枚金牌；1986 年亚洲杯乒乓球冠军；与陈龙灿搭档，获得第三十九届世乒赛男双冠军；第二十四届奥运会男双冠军；第四十届世乒赛男双第三名。

陈龙灿的运动天赋源于父亲，他的父亲酷爱体育，小龙灿刚会走路，父亲就带他到县体校观看比赛。看得多了，小龙灿也就爱上了体育，尤其是对乒乓球，兴趣更浓厚。

陈龙灿 5 岁时就缠着父亲教他发球、接球，由于人小球台高，他就踩在砖上打球。8 岁时，新都县体校教练黄德儒看陈龙灿对乒乓球运动如此热爱，相信他一定能练出点成绩，便收下了他，陈龙灿从此开始了他的运动员生涯。

陈龙灿天资聪颖、训练刻苦，球技进步非常快，1978 年被推荐到省中心体校进行考核。主教练肖阳宗看中了陈龙灿，原因是：陈龙灿的球路刁滑、旋转，再加上腕力也好，接翻网球技术都很高，于是，陈龙灿进入了四川省集训队。

教练的信任给了陈龙灿一个机会，进入省队后，陈龙灿球技进步很大，他在前三板上狠下工夫，逐渐练就了一套旋转、快速、高质量的发球和发球抢攻技术，在国内大型比赛中显示了强大的生命力。1980 年，也就是陈龙灿只有15 岁时，就在全国锦标赛上战胜许多名将，成为全国最年轻的一名男子乒乓球运动健将。1982 年 4 月的全国乒乓球等级赛上，他利用自己独特的打法，分别战胜郭跃华、蔡振华、谢赛克、陈新华、施之皓等名将，为四川队取得全国第三名。表现不凡的陈龙灿很快就出国参加比赛，1983年，还不到 18 岁的陈龙灿就连胜当时的世界名将瓦尔德内尔、阿佩伊伦、林德获得瑞典大奖赛冠军。

信任造就了"拼命三郎"

韦晴光的运动生涯并没有那么顺利，韦晴光 11 岁时被选入广西体工队进行集训，但只训练了三个月，就被集训队除名了，原因是韦晴光被查出患有肝炎。

韦晴光心里难过极了，别人训练，自己却躲在后面偷偷地哭。回家以后，父亲又带着他到医院复查，结果发现韦晴光并不是肝炎，而是由于运动量过大导致肝功能异常。韦晴光的父亲看儿子对乒乓球非常感兴趣，相信儿子一定能练出成绩，于是，又去集训队找教练，说明情况，恳请教练允许韦晴光归队训练，可是广西队一再以肝炎为由，拒绝让韦晴光归队。半年以后，停办了 8 年的广西体育运动学校重新恢复，韦晴光的父亲又看到了希望，他得知这个消息后，冒着大雨，骑着自行车带着儿子去找当时体校的教练，恳求教练收下韦晴光。

在父亲的执着坚持下，广西体育运动学校终于收下了韦晴光，这所学校是一所业余体校，半天学习半天训练，韦晴光已经很知足了，训练非常刻苦。然而，1975 年在代表广西参加第三届全运会少年组的比赛中，韦晴光的成绩并不好，他想到了退缩，并把想法告诉了父亲。

韦晴光的父亲坚信儿子一定能行，并在教练面前为儿子立下了个"军令状"。韦晴光 15 岁时，又进入了广西乒乓球集训队，练就了一身"拼命三郎"的真功夫，这为他以后适应国家队训练打下了坚实的基础。

韦晴光在 23 岁时才进入国家队，已经算是"高龄队员"了，所以并不被教练重视。在训练馆，通常主力队员在一楼训练，教练大多数时间都会在一楼，而韦晴光却被安排在教练很少去的三楼训练。当时国家队实行一年一调动的集训，如果当年状态不佳，马上就会被淘汰出国家队，"拼命三郎"的劲头让韦晴光坚持了下来。是父亲的信任，给了韦晴光一生的财富——坚持、拼。

国乒奥运第一金

1986 年，在汉城举行的亚洲杯乒乓球锦标赛上，韦晴光夺得了男单冠军。在奖牌中，韦晴光只缺一块世界冠军的奖牌了，教练郗恩亭决定培养他从双打上突破。而当时，陈龙灿状态极佳，于是两个人开始搭档，练习双打。1987年在备战第三十九届世界乒乓球锦标赛时，韦晴光和陈龙灿这对首次配对的双打选手，就夺得男子双打冠军，中国队第一次在世乒赛上获得男双冠军。

汉城奥运会即将到来之时，由于受奥运会参赛名额的限制，韦晴光和陈龙灿这对双打世界冠军遗憾被拆。国家队内部对男双组合的配对方式存在分歧，韦晴光自己也很想和陈龙灿搭档，因为他知道陈龙灿对自己的打法比较了解，两人配合默契。而陈龙灿也很想和韦晴光搭档，这也是源于队友间的信任，陈龙灿相信，只有和韦晴光配合，才能打出水平。

直到 1988 年 2 月奥运会前的最后一次集训，出征奥运会的名单才确定。教练宣布名单："江嘉良、陈龙灿、许增才……"当时，韦晴光的心脏都要跳出来了，最后一个是我吗？难道是……正在胡思乱想之际，教练宣布了最后一个名字：韦晴光！

哇，韦晴光如释重负，知道自己一定能与陈龙灿搭档，知道自己可以在奥运赛场上打球了，他的心情无比激动。当年韦晴光已经 26 岁，是一名老将了，他知道自己参加奥运会的机会并不多了，所以非常珍惜这一次机会。

1988 年，第二十四届汉城奥运会如期举行。陈龙灿和韦晴光在男子双打比赛中，小组赛 7 战全胜。在争夺决赛权时，遇到了东道主选手刘南奎、安宰亨，比赛时，赛场内拉拉队的鼓声、呐喊声震耳欲聋。拉拉队这样做的目的就是分散陈龙灿和韦晴光的注意力，希望自己国家的选手能进入决赛，而陈龙灿和韦晴光两人排除干扰，一个球一个球地拼，最终战胜对手夺得决赛权。决赛的对手是南斯拉夫的卢普莱斯库和普里莫拉茨，这对选手是第三十九届世乒赛亚军，实力相当强。开始时陈龙灿和韦晴光打得很被动，没能打出预定的战术。然而他们处变不惊，及时调整战术，运用快挑、快点、快攻的打法，多次打乱对手的战术，就连教练都连声叫好。最后两人越战越勇，终于登上了奥运的最高领奖台，为中国乒乓球队夺得了第一块奥运会金牌。

不知道大家读过《烽火戏诸侯》没有，这个故事，使我受益终生。其中有这样一段故事：周幽王为了讨褒姒的欢心，听取一个大臣的建议，让士兵点燃烽火欺骗诸侯们，结果，不但没讨褒姒欢心，还失去了自己的威信，落得被敌军杀头的下场。

这段故事告诉我们：人如果失去了别人的信任，将会被抛弃，相反，人要是取得了别人的信任，就会成为最终的强者。

纵观古今，尽管忠言逆耳，唐太宗仍然信任房玄龄、魏征等人，开创贞观之治，成为一代明君。唐太宗因为信任而功成名就。这足以显示出信任的力量。

可见，那些成功的人，都是获得别人的信任，才最终取得成功的。

一个人能够获得多少信任成就了其生命的高度、灵魂的深度。灵魂之花的瞬间绽放与永恒璀璨，需要你做的是：走正直诚实的生活之路，赢得他人的信任，一定会有一个令人羡慕的归宿。

瘪的乒乓球如何变圆

　　将瘪的乒乓球放在热水里，使乒乓球壳稍微变软，同时乒乓球里的空气温度也升高了，空气的温度升高，就会膨胀，于是乒乓球就又鼓起来了，把它擦干了可以继续打。

　　这种方法运用了热胀冷缩的原理。因为乒乓球里面并不是什么都没有，它的里面充满了空气，当我们把它放到热水里去烫的时候，空气体积就会膨胀，凹陷的球体就会重新被挤压而复原。

谁更兴奋

　　陈龙灿与韦晴光奥运会夺冠后都很兴奋，陈龙灿被抽到尿检。当时，他打趣道："其实韦晴光比我更兴奋，接受兴奋剂检查的应该是他。"

　　陈龙灿接受尿检回来后已经凌晨 1 点多了，韦晴光还兴奋得没有睡着，两位好兄弟、好队友、好搭档，天南海北地聊起来，那一夜他俩彻夜未眠。

　　陈龙灿后来回忆说："只可惜当时队里不允许喝酒，如果有酒，我们对着聊，可能会更惬意。"

✻花样滑冰✻

翩翩起舞的"冰天鹅"

超强组合

在 2014 年索契冬奥会花样滑冰赛场上，双人花样滑冰金牌得主俄罗斯名将沃洛索扎／特兰科夫整套干净漂亮的动作，给人留下极深的印象。沃洛索扎和特兰科夫原来各自都有搭档，为了备战索契冬奥会，2010 年这对选手走到一起，成为世界"超强组合"，他们的目标是本届冬奥会双人滑金牌。

沃洛索扎，乌克兰人，生于 1986 年，在花滑世锦赛、欧锦赛中都获得过很好的名次。比如：2011 年，获得世界锦标赛亚军、花样滑冰大奖赛总决赛第 2 名；2012 年，获得花样滑冰欧锦赛冠军，世界锦标赛亚军、美国站冠军、俄罗斯站冠军；2014 年，索契冬奥会冠军。

特兰科夫，俄罗斯人，生于 1983 年，2008 年，获得世锦赛第 7 名，欧锦赛亚军，大奖赛美国站季军、法国站亚军、总决赛第 6 名。2009 年，获得世锦赛第 5 名，欧锦赛季军，大奖赛法国站冠军、加拿大站亚军、总决赛第 4 名；2011 年，获得世锦赛第 2 名，花样滑冰大奖赛总决赛第 2 名；2012 年，获得世锦赛第 2 名、花滑欧锦赛冠军、世界花滑世锦赛亚军；2014 年索契冬奥会冠军。

沃洛索扎和特兰科夫从 2010 年春天开始搭档。当时，特兰科夫刚刚与他的搭档分手，因为他的搭档要退役。代表乌克兰参赛的沃洛索扎刚刚与在温哥华冬奥会上一起参加比赛失败的搭档分手，只剩一人，正想寻找新的搭档。俄罗斯花样滑冰协会的专家觉得，沃洛索扎和特兰科夫两人一定很有前途，因为两人都体型匀称、美丽英俊、技术娴熟，是非常理想的搭档，也是一对超强的组合。

事实证明，专家的决定是正确的，沃洛索扎和特兰科夫自搭档组合以来取得不凡的成绩，两人拿到了 2012 年花滑欧锦赛冠军、2012 年世界花滑世锦赛亚军、2014 年索契冬奥会冠军。两人不论从配合还是技术都非常好。

他们第一次搭档参加了 2011 年 3 月在日本举行的世锦赛，为了适应环境，他俩先期到达日本，没想到遇到了特大地震，而且他俩所在地区正好是震中，他们竟连续几个小时失去联络。

世锦赛最终又改在莫斯科举行，那次比赛是他们做搭档以来难度最大，也是最难忘的一次比赛，使他们懂得了在所有人都期待胜利的气氛中应该怎样表现，让他们在比赛中得到锻炼，变得成熟起来。

沃洛索扎和特兰科夫在 2012 年夏天奔赴美国和意大利训练，旅途和训练都形影不离，这让他们感情越来越深，成了一对情侣搭档。感情的升温使他们配合更加默契，带动了他们成绩的上升，为 2014 年索契冬奥会夺冠奠定了基础。

把一切交给你

2014 年 2 月 12 日，索契冬奥会双人花样滑冰决赛在让山滑冰中心举行。那晚，全场观众疯狂呐喊，一直在为沃洛索扎和特兰科夫加油助威，有一位中年人还敲鼓为他们鼓劲，这在花样滑冰赛场是不多见的。在此之前，沃洛索扎和特兰科夫已经参加了团体赛，并夺得这个项目的冠军，但是他们还是希望能够捍卫俄罗斯在双人滑项目中的地位，夺得这枚金牌。

比赛中，除了沃洛索扎手略点地之外，两个人的整套动作干净、漂亮，最终如愿以偿，夺得这个项目的冠军。

沃洛索扎得知夺冠的消息后，在后场激动得流下热泪："我们俩能够获胜，只因我信任特兰科夫，相信他一定能做好每个动作，把一切都交给特兰科夫，因此，我在比赛中心里很放松。"

在领奖台上，她仍然双眼饱含泪水，沃洛索扎说："我哭是因为我在那一刻感受到了很多很多，所有的紧张和压力都因特兰科夫在我身边而消失。"

特兰科夫赛后激动地说："虽然已经拿到团体赛冠军，但我们更渴望双人滑单项比赛这枚金牌。不过，在赛前我就很有信心，因为我和沃洛索扎彼此信任，心灵相融，所以配合得默契，这是我们获胜的根本原因。只要身体条件允许，我们还会继续滑下去，参加 2018 年冬奥会。"

陈一冰点评

　　我想，许多人都玩过背摔这个游戏，就是一个人站在高处，直躺着向背后摔下去，队友们在下面用手臂交织成一张安全网，稳稳地接住从上面摔下来的伙伴。

　　背摔训练需要建立在相互信任的基础上，当上面的队友将他的生命完全交给下面的队友时，就表示他对下面的队友是充分信任的，这要求下面的队友们必须以高度的责任心来承接这份信任；同时也要求站在上面背摔的队友克服自己的胆怯心理，充分相信同伴的能力，否则就会出现摔下来时身体弯曲、重心偏移的现象，给安全网施加不必要的偏差力，容易出现意外。

　　只有信任，才能团结一致，顺利完成这个游戏。在我们的生活与工作中，我们无法预测前面会遇到什么样的困难，我们应学会信任，相信团队。这样，当我们遇到困难时，就会得到队友和团队的支持和帮助，他们就是我们的坚强后盾，是我们值得信赖的朋友。只有这样，才能增强团队的凝聚力，从中找到归属感。

花样滑冰的历史

1772 年，世界上第一部关于花样滑冰的著作在伦敦出版，这本书书名为《论滑冰》（A Treatise on Skating），作者是英国皇家炮兵中尉罗伯特·琼斯（Robert Jones）。当时，花样滑冰是"英式风格"，动作既古板又正式，和现代花样滑冰差别较大。

1863 年，美国人杰克逊·海因斯（Jackson Haines）将滑冰运动与舞蹈艺术融为一体，在欧洲巡回表演，丰富了花样滑冰的内容和形式，因而被誉为"现代花滑之父"。

1868 年，美国的丹尼尔·梅伊（Daniel Mey）和乔治·梅伊（George Mey）第一次表演了双人滑，从此，花样滑冰有了双人滑项目。

1872 年，奥地利首次举办了花样滑冰比赛。

花样滑冰比赛项目

花样滑冰运动按照参赛人员和技术动作的要求，可以分为众多单项。花样滑冰的奥运会正式比赛项目共有三种类型，即：单人滑、双人滑和冰上舞蹈。

单人滑

单人滑分为男子单人滑与女子单人滑两个项目，技术动作要素包括跳跃、旋转、接续步、燕式步等。在花样滑冰比赛项目中，单人滑对跳跃的要求最高，它代表了选手能达到的最高跳跃难度。

双人滑

双人滑要求男、女选手各一位，男女选手在冰上表演要同步，双人滑特有的动作：抛跳，即：男选手"抛掷"，女选手跳跃；双人旋转，即两位选手同时绕一个共同轴心旋转；托举，即男选手将摆成造型的女选手高举过头等。

冰上舞蹈

与双人滑相同，冰上舞蹈也是男、女选手各一位。

冰上舞蹈与双人滑的主要区别是：冰上舞蹈的技术动作没有跳跃和旋转，而且托举也不能过肩。两名选手保持国标造型，表演复杂多样的步法，并且要紧扣音乐节拍。

金牌的六大成色

王皓气势如虹，赢得首盘

2008 年北京奥运会乒乓球男团决赛上演巅峰之战，中国男团迎战欧洲劲旅德国男团。中国队三名虎将（王皓、马琳、王励勤）球技精湛、状态极佳，使中国队最终夺冠，前世界冠军王涛在点评时激动地说：中国男乒，绝对的王者。

第一盘比赛由王皓对战德国队的迪米特里·奥恰洛夫。第一局比赛，王皓一直处于主动，他的发球抢攻让奥恰洛夫几乎无法应对，以 4 ：1 取得领先。在后面的比赛中，奥恰洛夫也有抢攻的机会，但他的失误较多，王皓以 11 ： 4 轻松拿下第一局。第二局，开始时王皓以 1 ： 2 落后，他连得 3 分，反超奥恰洛夫，再次占据主动。虽然奥恰洛夫很快又将比分追上，并以 6 ： 4 反超王皓，但王皓又连续得到 4 分，以 8 ： 6 领先，最终王皓以 11 ： 8 再胜一局，大比分 2 ： 0 领先。第三局比赛开始，王皓先吃了对手一个发球，随后他连续得到 8 分，8 ： 1 遥遥领先，使得比赛结果毫无悬念。最终王皓以 11 ： 7 赢得第三局的比赛，以大比分 3 ： 0 的成绩击败奥恰洛夫，为中国男团赢得首盘比赛。

马琳为比赛立功

第二盘比赛是马琳对战波尔，波尔是德国头号选手，这预示着这一场比赛将是一场非常艰苦的鏖战。

第一局，波尔先得两分，但是之后马琳连得 4 分，以 4 ： 2 反超波尔。后来，波尔虽然将比分追到了 7 ： 8，但马琳不急不躁，沉着稳重，抽杀命中率极高，最终以 11 ： 7 赢得首局比赛。

第二局，开局波尔还是以 2 ：0 领先，之后马琳失误较多，波尔 7 ：1 遥遥领先。马琳及时调整心态，随后他连得 4 分，将比分追成 5 ：7。然而，波尔也不示弱，在10 ：8 领先的情况下，放了一个短球，这个短球落点精准，马琳没有接到，以 8 ：11 输掉了本局比赛。队友和教练相信马琳一定能战胜波尔，因为他们知道马琳沉稳、老练。

第三局，马琳沉着应战，不急不躁，一路领先，最终以11 ：4 获胜。

第四局，马琳状态极佳，开局就保持领先的优势，但是波尔随后追成 7 平。冷静是马琳最大的优点，他连续正手拉球成功，重新获得领先优势，最终以 11 ：7 获胜，赢得第二盘的胜利。

王励勤 / 王皓双打致胜

第三盘是双打比赛，中国队由王励勤 / 王皓出战，对战德国队苏斯 / 波尔组合。

第一局，王励勤 / 王皓士气高昂，开局就以 5 ：1 领先。随后苏斯 / 波尔扳成 6 平，并以 10 ：8 拿到局点，但关键时刻苏斯失误，被王励勤／王皓追成 10 平。可惜王励勤连续失误，苏斯／波尔以 13 ： 11 赢得首局胜利。

第二局，王励勤／王皓又以 5 ： 1 领先，这一局比较顺利，他们很快以 11 ： 5 获胜，将大比分扳成 1 ： 1 平。

第三局，双方的比分一直很接近，王励勤／王皓一直发挥稳定，最终以 11 ： 8 赢得本局比赛，此时大比分王励勤／王皓以 2 ： 1 领先。

第四局比赛，王励勤／王皓 5 ： 2 领先之后，这一局对德国队来说是关键的一局，于是苏斯／波尔请求了暂停。暂停之后，王励勤／王皓仍然保持良好状态，他们连续得分，最终以 11 ： 7 赢得比赛，以大比分 3 ： 1 击败德国队苏斯／波尔组合。中国队 3 ： 0 击败德国队，获得北京奥运会男子乒乓球团体赛金牌。

四硬汉相拥而泣

赛后，三名虎将与刘国梁教练紧紧地抱在一起，相拥而泣，我想其中的辛酸只有他们自己才知道。

赛后刘国梁教练在接受采访时说："我相信他们，一定能行！"

三名虎将却说："刘指导为我们付出太多太多，金牌应该属于他。"

于是出现了领奖台上动人的一幕：大家把金牌全部挂在刘国梁的胸前。闪闪发光的金牌背后不只是运动员的付出，还有教练的信任、支持与无私奉献。

·陈一冰点评·

身在团队中，队员之间应该彼此信任，每个队员都应该有使命感和责任心，大家都在一起，他失败了，你的成绩也不会好，因为我们是一个团队。我们每个人都应该信任自己的队友，相信他（她）一定能打好比赛，给他（她）鼓劲，而不是互相埋怨，这样才能配合好，打好比赛。

战国时期，商鞅变法，徙木取信。秦国以言出必行赢得了国人的信任，于是国家经济迅速发展，军事日益强盛，秦国成为战国后期最富强的国家。这就是信任的力量，它能让团队无坚不摧。

高效团队的一个重要特征就是相互信任。信任，能提高团队的执行力。团队内部成员相互信任程度决定着一个团队能力的大小，如果大家相互信任，就容易沟通，因而效率也高。在沟通中即使有分歧，但大家心里都很明白，都是为了把事做好，不是针对某个人的。这种氛围下，达成的共识，团队成员都会全力去实现。

相互信任，能够给团队成员获胜的信心，相反，如果相互之间没有信任，成员之间的沟通不那么顺畅，那么，就常常会把复杂的事做简单，把简单的事又搞复杂，这样的团队办事效率能高吗？

信任，还是人与人之间搭起的一座桥梁，我们应该好好利用这座桥梁，通往成功的彼岸。

乒乓球为什么叫国球

将乒乓球称为国球，这里还有一段故事：几十年前我国乒乓球界突出的代表人物叫容国团，个子高，五官清秀。荣国团 22 岁时，得了第一块金牌，成为世界冠军。

容国团赛后回国时，机场锣鼓喧天，欢迎他胜利归来。我们敬爱的周总理还亲自到机场迎接，在人们的心目中，容国团不是一个普通的运动员，而是一个凯旋的英雄好汉。报纸、画册、街头巷尾到处贴的都是容国团的宣传照。

自从容国团夺冠后，我国国民就对乒乓球产生了浓厚的兴趣。从那以后，打乒乓球成了风气。街道、机关、政府、单位都设置乒乓球案；普通市民都喜欢打乒乓球，有球案有场地更好，没有场地就两个人来回推球。实在没有球拍，就用两块板子代替，中间放几块砖作球网，这样就可以比赛了，渐渐地，打乒乓球的人越来越多，于是，乒乓球就被人们称为国球。

乒乓球为什么会弹起来

乒乓球是一个很圆的球体，球与物体撞击时会发生形变，产生一个和球的弹力大小一样的反作用力，这个反作用力将乒乓球弹了起来。乒乓球给球案的力越大，球案给乒乓球的反作用力就会越大，这样乒乓球就弹得越高。

孤独中的享受

永远离不了水的"渔民"

殷剑，中国女子帆船帆板队运动员，2008 年北京奥运会上获得女子 RS–X 级帆船(板)第一名，不仅为中国代表团获得第 44 枚金牌，也为中国奥运帆板历史打开了新的一页。

殷剑最初从事帆板运动，并不是她自己的意愿。事实上，这还是父母极力劝她去报名的。邛海边长大的殷剑，在不知不觉间已经逐渐成为一个身姿矫健的游泳好手，邛海无疑是她最好的练习场。

殷剑是个典型的四川女孩，泼辣、大胆。从小，殷剑身上就有一股男孩子气，男孩子不敢做的事情她偏偏要去做。在家的时候，她特别喜欢跟同龄的男孩子比"潜水"。那时的"潜水"就是摆一个脸盆，盛满水然后将头伸进水里面，憋着气，看谁坚持的时间最长，每次殷剑都是最后一个将头抬起来。

生长在水边的孩子天生就会水，父亲都不知道殷剑是什么时候开始学会游泳的。有一次，父亲在外捕鱼的时候，渔网不知被什么东西钩住拉不上来了，殷剑扑通一声跳入水中将它解开。父亲一下子愣住了："这孩子，什么时候学会的游泳。"而殷剑却得意洋洋地说："爸爸，以后我可以跟你出远门捕鱼了吧？"

殷剑非常喜欢水，常常逃学去邛海里游泳。有一天，她们的班主任来做家访，问殷剑的爸爸："殷剑下午为什么没去上课呢？是不是家里有什么事情？"爸爸妈妈知道她又偷偷地去游泳了，但他们并没有严厉地批评她，而是教育她以后游泳可以，但不可以逃学。

父亲对女儿的爱好从没阻止过，他想：或许游泳可以让这个农村的孩子走出一条不同寻常的路。父亲想让她自己去发挥，即便是不能在游泳方面有所发展，将来在邛海捕鱼也要练就好的水性才行。但父亲还是从内心里期望女儿殷剑在水上运动方面得到发展，首先是因为她自己热爱，其次是他不想让女儿再像他一样做渔民，他知道渔民的辛苦。可是他没想到，多年后，女儿不但选择做了"渔民"，而且是永远离不了水的"渔民"。

1992年，邛海水校的校长到各县招生，殷剑的父亲鼓励殷剑去报名。当时，帆船选手大多来自沿海省份，来自大西南唯一跟水沾边的就是殷剑，一位渔家姑娘。被水校录取后，殷剑对父亲说："爸爸，我要让家人过上好日子，一定！"

女儿的这句话，让父亲坚信：这孩子一定会刻苦训练，一定能有出息。

在邛海水校时，殷剑面对艰苦枯燥的训练，从不抱怨，抓住各种机会锻炼自己。一整天的训练课程结束后，她还是不肯靠岸，总是加练到天黑。教练不得不站在岸边等她，教练是既担心，又欣慰，担心的是怕她这么晚还训练出现意外，欣慰的是看她训练这么刻苦，一定能取得好成绩。

与大海拥抱

帆船比赛是运动员驾驶帆船在规定的场地内依靠自然风力比赛速度的一项运动，要求运动员最重要的素质就是拼劲，而殷剑正好具备了这一点，因而殷剑被选中了。

殷剑的教练曾用"孤独"来形容帆船选手的职业生涯，这是非常贴切的。许多帆船选手观众都不认识，比赛中看台上也没有那么多的观众为选手加油助威，帆船选手就是一个人在海上搏斗，所以那种孤独可想而知，尤其是在茫茫大海上，人显得更加渺小。海面上的运动员就像一叶孤帆，在奋力与气势恢弘的大海进行抗争。然而殷剑却没有这样认为，她爱大海，每当训练时，她总觉得自己在与大海拥抱，因此，她没觉得孤独，她觉得有大海陪伴，就是快乐的。

刚进水校时，殷剑对帆板技术掌握得非常快，进步速度惊人。同一项训练其他队友可能需要教练示范讲解很多次，但殷剑每次都是一次通过，教练常常表扬她。过了一段时间，殷剑有点飘飘然了，教练讲解时不再耐心听了，教练问她为什么不听，她不满在乎地说："我都会了呀！"教练给她讲解动作要领，与她一起分析她的失误，殷剑基本上都是上一秒听了，下一秒就抛在了脑后，长期被赞扬的殷剑骄傲情绪越来越严重。

作为一名优秀运动员，哪能有这样的心理呢？教练看在眼里，急在心里。教练觉得殷剑是一棵"好苗子"，如果不消除她的骄傲情绪，这棵小苗就会夭折。于是决定让殷剑暂时离队，回家休息。

因为教练非常了解殷剑，知道殷剑对水的热爱，对这项运动的热爱，相信她一定会改掉缺点，回来训练的。

果然不出所料，殷剑回家后，冷静地思考自己的人生，她慢慢意识到了自己的问题，发信向教练检讨，希望归队。那一阵子，她每天都写保证书给教练，而且常常含着眼泪躲在训练场地外偷看队友们训练。当初决定将她"开除"回家，并不是教练的真实意图，教练只是想通过这种方式教育殷剑。她自己非常喜爱这项运动，希望能重新归队。

教练看已经达到了教育目的，就答应让她重新归队，但对她提出了一系列的要求。殷剑毫不犹豫地答应了，她说："只要让我归队训练，什么要求我都答应。"

　　半年后，殷剑回到了省队，重新归来的殷剑如同脱胎换骨一样，训练精神发生了很大的变化。后来，殷剑进了国家队。到了国家队后，殷剑如鱼得水，很快就在一系列的比赛中崭露锋芒。

　　入选国家队的第二年，殷剑在亚运会中获得一枚银牌，又在其后的亚洲锦标赛赢得了冠军，一年后在全国赛中获得冠军。2004 年雅典奥运会，殷剑表现也很精彩，只是在比赛的关键时刻，殷剑注意力不够集中，与澳大利亚的选手发生了小的碰撞，使得她与金牌失之交臂。

　　2008 年奥运会上，殷剑以 1 分优势夺得冠军，这是中国帆船队有史以来获得的第一枚奥运金牌。殷剑，创造了中国帆船队的历史。

帆船运动的历史

帆船是人类与大自然作斗争的一个见证，自从有了人类文明史，就有了帆船。

帆船运动起源于荷兰。这是因为古代的荷兰地势低洼，他们开凿了很多运河，为了生活，荷兰人使用小帆船运输和捕鱼。

帆船作为一个比赛项目，最早的文字记录可以追溯至1900多年以前古罗马诗人维吉尔在他的作品中有关帆船的描写。从13世纪开始，威尼斯开始定期举行帆船比赛，只是当时比赛的船只没有统一的规格和级别。

帆板运动

帆板运动是介于帆船和冲浪之间的新兴水上运动，运动员借助吹到帆上的自然风力，站到板上，通过帆杆操纵帆，使帆板在水面上行驶。帆板因和冲浪运动有密切关系，因此又称风力冲浪板或滑浪风帆。

帆板起源于世界冲浪胜地夏威夷群岛。世界第一条带有万向节的帆板是美国电脑技师修万斯在 1970 年 6 月设计制造的，并获专利权。修万斯不仅是一位电脑技师，而且是一名冲浪爱好者，酷爱帆板运动。帆板制造出来后，帆板运动在当地兴起，并且很快流传到欧洲、大洋洲和东南亚一带，现在帆板运动已普及全球，在所有大型综合性运动会如奥运会、亚运会、全运会等比赛中都有帆板这一项目，此外，世界各地每年还会举行帆板职业选手系列赛。

与手枪谈恋爱

与手枪结缘

2008 年奥运会的射击比赛现场，人们不会忘记她在女子 25 米运动手枪中近乎奇迹的完美表演，不会忘记她夺冠后的冷静和淡然，她就是陈颖，一个来自北京的文静女孩。

陈颖：1990 年进入北京崇文区业余体校；1994 年 10 月，进入北京射击队；2001 年 3 月，入选国家队。

陈颖与射击结缘其实很偶然。1990 年，崇文区业余体校的秦彰老师到陈颖的学校挑选运动员，陈颖因为成绩好，老师极力推荐她。

那一天放学，陈颖跑回家，一进门就大声嚷嚷着说："妈妈，妈妈，我们老师推荐我去学射击。"妈妈问："学射击干吗呀？"陈颖很兴奋地解释说："射击就是打枪呗，特神气！就像电视里那些女特警，我好喜欢！"陈颖一边说，一边还做出射击的动作给妈妈看。

妈妈看她那么兴奋，就默许了。"只要不影响学习，你喜欢就去吧，妈妈支持你！"

就这样，陈颖开始了她的射击生涯。那时，无论是陈颖的父母还是她自己根本没想到陈颖会成为一名职业运动员，更没想到有一天，她会登上奥运会的最高领奖台。父母送她去学体育，纯粹是因为她的喜好，还有就是希望她锻炼身体。

当了运动员，当然要有一把好枪。陈颖最喜欢的手枪是她那把国产"东风五号"运动手枪，这把枪她开始学习时就一直陪伴着她，一刻都没有离开过。和她一起的队友们经常换枪，只有陈颖始终"专一"，从没想要换掉这把"东风五号"。陈颖常常说："我跟枪的感情比跟人的感情还要深，因为它更可靠。不论我打得成绩好不好，它都一直默默地陪伴我。从来没有怨言。"她用这把枪打过无数次比赛，也去过无数个地方，中间只有两次，由于客观原因，与枪有过一小段时间的分离。

第一次是 2006 年 10 月到上海集训时，陈颖的枪因为某些原因，无法从枪库里拿出，解禁也遥遥无期。当时距离多哈亚运会已经很近，但固执的陈颖一直不肯换一把枪，只要她的"东风五号"，在无枪可用的情况下，陈颖焦急地等待了两个月。到了 11 月底，经过国家射击队的协调，陈颖的枪终于取出来了，拿到枪的那一刻，她像见到了亲人一样，爱不释手。

第二次是去美国参加世界杯赛。"东风五号"的生产年代已经很久远，一般都不在各个国家的管理控制清单中，但那次却被拒绝入境。这是陈颖练枪以来，第一次遇到"东风五号"被拒绝入境。但人已经到了美国，这次比赛又很重要，陈颖只好换一把枪比赛。按理说，射击运动要求精、准，因而对枪的要求很高，如果使用自己不熟悉的枪，根本无法打出好成绩，但陈颖例外，她拿到新枪后只练了两次，就去参加比赛了，而且为国家赢得了一枚金牌。但陈颖并没有换枪的打算，比赛结束后就马上把枪换了回去，她心里想念的依然是自己的那把"东风五号"。

陈颖有过很多种爱好，但自始至终唯一不变的是对射击的热忱。她在射击事业上几乎倾尽了全部的心血。陈颖自己说，她和手枪的感情，就像谈恋爱一样，甚至愿意为手枪作出牺牲。

金牌一定是她的

陈颖在 2004 年雅典奥运会的 25 米运动手枪中仅列第四，与奥运奖牌擦肩而过。在北京奥运会上，陈颖卷土重来，这一次她的目标是奥运金牌。

北京奥运会的那场决赛，陈颖的妈妈特别担心，因为在预赛中陈颖的成绩与第一名相差 5 环，参加决赛的都是顶尖高手，追上这 5 环真的是件不容易的事情。

陈颖的爸爸却说："你放心吧，金牌一定是她的。"

妈妈说："射击不到最后一刻都不能下结论，你怎么这么肯定？"

爸爸说："因为我相信我们的女儿。"

爸爸为什么如此相信自己的女儿呢，这源于陈颖平时的两个习惯：一是喜欢看书，二是做事投入。

　　陈颖小时候特别喜欢看书，什么样的书都喜欢看，有时候，捧着一本书可以在房里一坐一整天，那些书一直伴随她成长，也拓宽了她的视野和思维。

　　喜爱看书对她的射击很有帮助。因为看书需要沉下心来，全神贯注。因此，对书的热爱让陈颖比一般人更沉着、冷静、温和、稳重。

　　陈颖的启蒙教练秦彰说：陈颖是个特别爱学习的孩子，刚进体校时，每天只要一休息，她就会抱着书看。各种各样的书她都爱看，文艺类的、专业类的、名人故事她都喜欢看，如果有多余的时间，她还自学英语，因此，每次出国比赛，她都能跟外国朋友讲一口流利的英语，正是这些学习经历，丰富了她的生活，充实了她的射击生涯。

　　陈颖对待喜欢的事情总是全身心地投入，除了看书，她的另一大爱好是集邮。家里的柜子里有她的好几本邮册，她从很小的时候就开始收藏邮票，中间从来没有间断过。她只要一看到好的邮票就爱不释手，简直是视集邮如生命。

　　这两点成就了今天的陈颖，成就了一个奥运冠军。

　　陈颖在北京奥运会上不仅拿下了冠军，而且还打破了奥运会女子 25 米运动手枪决赛的纪录。很多人都看到，陈颖在每结束一组 5 发子弹后，都会拿出一个小本子记录自己的成绩，以便更清楚自己的长处、缺点。陈颖在比赛的那天，真正做到了"把比赛当训练"，让自己始终以一种平稳的心态来对待这场惊心动魄的国际比赛，这正是陈颖获得冠军的秘诀。

射击运动的起源

射击运动最早起源于狩猎和军事活动。15 世纪，瑞士第一次举办火绳枪射击比赛。16 世纪初，跑鹿射击活动在斯堪的纳维亚半岛非常流行。19 世纪初，射击活鸽子的游戏又盛行于一些欧洲国家，现代射击比赛就是渐渐由此演变而来的。

打在别人靶上的枪手

盘点射击史上的趣事，美国射击运动员马修·埃蒙斯必是其中一个。

雅典奥运会上，埃蒙斯在男子 50 米步枪 3×40 决赛最后一轮，名次竟从第一直接掉到了第八，其失误的原因更是令人大跌眼镜。

最后一轮之前，埃蒙斯领先 3 环力压中国选手贾占波。很快，贾占波打出 10.1 环结束比赛，埃蒙斯的成绩却迟迟未出，经裁判认真检查，发现埃蒙斯的子弹竟然打在了别人的靶子上，只能判为 0 环，他将到手的金牌拱手让给了贾占波。

埃蒙斯也因此成为那届奥运会给人印象最深刻的失意者。

没有完美的个人，只有完美的团队

一个人不能演奏协奏曲，

单独的一滴水无论放在哪里都只是一滴水，

而只有融入大海才可以跟着更多的水滴共进退，

从而发挥出巨大的作用。

缺乏团队意识的群体不过是散沙，

紧握的拳头才有力量。

★男子接力★

跑丢了的金牌

强大的"梦幻阵容"

　　4×100 米接力向来是田径比赛中最引人注目的集体竞赛项目，它要求运动员要有超强的短跑技术和传接棒技术，这两项技术也是本项目比赛成绩的决定性因素。在 2004 年雅典奥运会上，美国队志在卫冕，派出了最强大的阵容。

　　第一棒：克劳福德，奥运会 200 米冠军，弯道能力非常出色。

　　第二棒：加特林，绰号"美国加速度"，男子 100 米、200 米短跑的最好成绩创造者。

第三棒：米勒，200 米短跑冠军，实力强大。

第四棒：格林，号称"百米飞人"，2000 年悉尼奥运会百米冠军，拥有超强的实力。

美国队一心想卫冕这个项目的冠军，在决赛前一刻还临时换人，将第二棒由刚刚加冕百米冠军的加特林替换下了帕顿，他们希望能凭借加特林的实力提升直道速度。

美国队派出的"梦幻阵容"中个个都是大牌，可算是 1992 年巴塞罗那奥运会以来的最豪华阵容了。

预赛成绩排在第一的美国队对决赛很有信心，老将格林在预赛后还扬言说："我觉得赢得这枚金牌对于美国队来说并不是很困难，我们在决赛上力争打破 37 秒 40 的世界纪录。"

失败收场

2004 年 8 月 28 日晚，当世界上速度最快的八支短跑队站在跑道上时，整个赛场沸腾了。

比赛正式开始，美国队排在第五道，第一棒是 200 米"飞人"克劳福德。克劳福德起跑很好，而且弯道又是他的强项，因此，在出了弯道准备交接棒前，克劳福德发挥得非常棒，几乎超过了第六道的波兰选手。

第二棒是"美国加速度"加特林，由于是临时换上的选手，因此，配合不是很默契，克劳福德与加特林在交棒时稍慢了一点，结果又被六道的波兰选手甩在后面。加特林的途中跑速度是无人可比的，可见其实力之雄厚，因此，在第二次交棒前他又赶上了六道的选手，然而在交棒时又出现了失误，加特林要将棒交给第三棒米勒时，米勒跑早了一点，于是又不得不再减慢速度来接棒。这次交棒后，美国队已经落在了英国队和尼日利亚队的后面。虽然米勒用尽全力，直追猛赶，但还是没有与这两个强队拉近距离。

米勒的交棒没有问题，和其他各道选手一样顺利，老"百米飞人"格林接棒后，比前两名选手要落后近两米的距离，"飞人"就是"飞人"，实力强大，他与前两名选手的距离越来越小，到了距离终点 15 米的时候，格林超过了尼日利亚的阿尤，最后，他几乎与英国的老将弗朗西斯同时冲线。但是英国选手奋力低头，并前倾身体，比格林早一点点撞线。

成绩出来了：英国队是 38 秒 07，获得本届奥运会男子 4×100 米接力的冠军，美国队是 38 秒 08，屈居亚军，尼日利亚队 38 秒 23，获得季军。

0.01 秒之差，让"梦幻阵容"失去了金牌，赛后，英国选手刘易斯·弗兰克斯说："美国队是支伟大的队伍，但我们打败了他们。我认为信心和团结协作是我们获胜的原因。"

参加接力赛的英国短跑选手们虽然没有一个能够进入 100 米或 200 米决赛，但他们却在接力赛中赢了，对此刘易斯·弗兰克斯说："即使在个人项目中一无所成，我们也会高昂着头从这里离开，因为这块金牌是我们团结协作而来，分量要更重。"

美国选手格林对此次失败懊悔不已，他说："我差一点就赶上了英国最后一棒，很遗憾！"

第三棒的米勒则说："观众太吵了，我几乎听不到加特林交接棒时发出的信号。如果我再继续跑下去就要出接棒区了，那样的话连成绩都没有，更别说奖杯了，我只能慢下来接棒。"

陈一冰点评

美国队派出的"梦幻阵容"个个都是世界强手，却依然输掉了比赛，是什么原因呢？主要是配合上出了问题？因为他们不懂合作，不善协作。就如同世界著名的西班牙皇家马德里球队，这支球队虽然拥有世界上最好的球员，每个球员都有着令人信服的实力和才华，但这些人组合在一起，并不像人们想象中那样强大。只因为球员之间缺乏良好的协作意识，导致 1+1 ＜ 2 的结果。

竞技比赛中，只有相互协作才能让个人发挥最好的状态，取得最佳的成绩，而在平时的生活和学习中也一样，孩子如果不能跟同学、老师很好地团结协作，他的学习成绩也一定不会好。

作为一个合作组织，它的良性运转有赖于所有成员的良好协作。我们熟知的"空中客车"——波音 747 飞机，是由几百万个零部件组装而成的，要想凭一个人的力量造出这么大的飞机显然是不可能的事。实际上，一架波音 747 的生产成功，是十几个国家、几百家企业、数万人共同合作的结果。

可以说，团结协作精神是一切事业成功的基础。美国社会活动家韦伯斯特曾说："智慧、双手、力量结合在一起，几乎是万能的，人们在一起可以干出单独一个人所不能干的事业。"可见协作才能创造出高绩效。那么怎样才能培养团队成员之间的协作精神呢？

1. 建立和谐关系，营造良好氛围

相互尊重和理解可以形成一个友好宽松的工作、生活或学习环境。这种环境可以最大限度地发挥我们的智慧，还能最大限度地激发出我们的工作热情。在学习中，没有什么比愉悦的心情更重要了，如果一个团队的成员不团结，所在的环境死气沉沉，那么工作或学习效率一定不会很高，因此家长一定要教孩子学会与他人团结协作，让孩子在一个轻松、愉快的环境中学习成长，这样孩子的学习成绩一定会好。

2. 营造良好的竞争氛围

当我们在工作中遇到困难，内心感到恐惧和无助、犹豫不决的时候，我们最需要的是什么呢？就是来自团队的鼓励。这种鼓励可以让你战胜自我、跨出那具有决定性意义的一步，这时你会强烈感受到来自集体的巨大力量和良性竞争、超越自我所带来的快乐。

3. 积极主动地参加集体活动

积极参加集体活动，可以增强我们的协作精神。有了协作精神，我们就能够充分发挥自己的主观能动性。在遇到困难的时候，大家一起想办法、出主意。

4. 充分信任周围的人

我们在与周围人相处时，一定要充分信任别人，不要总以为自己能力很强，总是把自己看得很高。有的人即便能力差一点，但只要我们能给予他足够的信心，他也能做好。信任别人有利于相互团结。

5. 鼓励合作学习方式

合作式学习是一种共同的、开放的、包容的学习，要求学习小组成员共享目标和资源，共同参与任务，直接交流，相互依靠。实施小组合作式学习，可以增强成员之间的信息交流量，拓宽我们思维的广度，同时也锻炼个人能力。而通力协作，群体决策不仅能促进知识技能的学习，也有利于培养团结互助的协作精神。

接力赛跑的由来

接力赛跑起源于非洲，发明者是非洲土著伐木人。那时，土著伐木人用速度比赛的接力方式，快速地将丛林中的木材运出山地。根据这一现象我们可以推测，最初的接力赛跑运动员，一定是伐木人，木材就是他们的接力棒，<u>丛林就是运动场。</u>

慢慢地，接力赛跑演变成了一个竞赛项目。1883年11月17日，美国加利福尼亚州巴克雷第一次举办了接力赛跑，这是世界上最早的接力赛。1912年第5届奥运会，男子4×100米接力赛跑被列为正式比赛项目。

接力赛该如何传、接棒

在接力比赛中，传接棒配合非常关键，也是接力跑技术的难点，传接棒配合的好坏直接影响接力跑的成绩。

正确的传接配合技术为：传棒人在距接棒人恰当距离（这个距离因人而异，经过两人反复练习确定）时喊："跑！"到两人相跑约 1.5 米左右时喊"接！"。接棒人听到口令，把手迅速向后伸，这时，传、接棒人的速度都非常快，而且还可保证两人交接完接力棒后，接力棒仍在 20 米接力区内。

★男子篮球★

战胜"梦之队"！

"梦之队"的组建

美国男篮素有"梦之队"之称(Dream Team)，在任何国际大赛上他们是全世界体育爱好者关注的焦点。

梦之队有狭义与广义之分：狭义的"梦之队"是指第二十五届巴塞罗那奥运会上夺得冠军的美国男篮，也被称为"梦一队"。这支球队汇集了当时美国职业篮球联赛(National Basketball Association，简称NBA）的顶尖球员，是历史上最强大的篮球队。广义上的"梦之队"则是指自1992年以后，历届以NBA职业球员为骨干所组成的美国男子篮球代表队，按照成立的先后顺序，依次被称为"梦二队""梦三队"……

在 1989 年以前，国际篮球比赛是不允许职业球员参加的。1989 年，国际篮联（FIBA）改变规则——允许职业球员参加国际篮球赛事。经过美洲区预选赛，由众多 NBA 明星球员组成的美国男篮以六战全胜的成绩挺进巴塞罗那奥运会，这是第一支网罗众多 NBA 明星球员的篮球队，被称为"梦之队"。

"梦一队"的主教练是底特律活塞队（DetroitPistons）的查克·戴利（ChuckDaly）。他们的阵容中拥有历史上最为优秀的一群篮球运动员，其中有 6 名队员在其职业生涯中曾赢得 NBA 最有价值球员的殊荣，而且"梦一队"团队战斗力惊人；迈克尔·乔丹与克莱德·德雷克斯勒同样拥有超强的滞空技术，尤其是迈克尔·乔丹，被誉为 NBA 历史上的最佳篮球运动员。

组建"梦二队"，是为了参加 1994 年在加拿大安大略省的多伦多举行的世界篮球锦标赛。为了让世界看到与 1992 年巴塞罗那奥运会不同的明星，挑选的都是年轻球员，他们对球迷的吸引力远远不及"梦一队"，不过"梦之队"

的统治力在世界篮坛还是很强的。

"梦三队"是为参加在美国本土佐治亚州亚特兰大举行的 1996 年夏季奥运会组建的。由于当年声誉极高的迈克尔·乔丹婉拒参赛，"梦三队"没有"梦一队"那么耀眼，不过"梦三队"网罗当时 NBA 联盟其他正处巅峰之年的巨星，且 12 名队员全为现役职业球星，阵容仍然十分强大。

"梦三队"在 1996 年奥运会上表现突出，每场比赛都超过对手 20 分以上，在决赛中以 95 ：69 的明显优势战胜南斯拉夫队，赢得了本届奥运会金牌。"梦三队"堪称是最后一支无敌的"梦之队"。

褪去无敌的光环

自 20 世纪 90 年代后期，越来越多的其他国家的球员成为美国 NBA 赛场上的巨星，同时带动了这些国家篮球运动的发展。为了维护美国篮球尊严，"梦四队"再次由 NBA 球员组成，其中有数名超级巨星，也有不少只能算是二流的球员。

"梦四队"的主教练是鲁迪·汤姆贾诺维奇（Rudy-

Tomjanovich），"梦四队"在鲁迪的率领下参加了2000
年悉尼奥运会。尽管他们的前两战都获得胜利，但比分差
距很小。在小组赛中，以85∶76胜立陶宛，只以9分的
优势获胜。这是"梦之队"第一次以个位数的优势战胜对手，
以前的比赛都要超过对手两位数的比分。

比这更惨的是，在半决赛中，仅以85∶83两分之
差战胜立陶宛。如果立陶宛球星萨鲁纳斯·雅西凯维丘斯
（Sarunas Jasikevicius）投中终场前的压哨三分球，"梦
四队"甚至会无缘决赛。在决赛中也只是以85∶75小胜
法国，获得了金牌。

这届奥运会，"梦之队"虽然卫冕成功，但是也正是从
此开始，"梦之队"开始褪去天下无敌的光环。

"梦五队"（严格地说，这支球队根本配不上"梦之队"
这个称呼），这支球队的组建是为了参加在美国印第安纳
州波利斯举行的2002年世界篮球锦标赛。"梦五队"的主
教练是乔治·卡尔（George Karl），让人意想不到的是这
支球队只获得了第六名，以NBA球员为班底组建的美国男
篮第一次在大赛中失掉冠军。

到了"梦六队"，由于"梦五队"排名不佳，美国必须

参加预选赛，并且在预选赛中赢得前三名，才能取得 2004 年奥运会的参赛资格。这次预选赛很关建，美国派出了 NBA 一流球星，因此轻松获得了第一名，取得了 2004 年雅典奥运会的参赛资格。

　　然而在 2004 年的奥运会上，美国男篮最终只获得季军，自从 NBA 球员进入美国男篮以来，美国男篮第一次没有在奥运会上获得金牌。

·陈一冰点评·

"梦之队"从辉煌走向低谷，主要还是因为每一次的组建都需要球员们相互磨合才能配合默契，而后几届"梦之队"组建时间短，还没有充分地磨合，就去参加比赛，所以配合得不够默契。

团队的效率取决于配合得是否默契，如果配合得不够默契，团队协作是不可能成功的。一个人能力再强，没有团队其他成员的配合，是不可能成功的，只有将每个人的优点、特长组合在一起，这样的团队才是无坚不摧的，如果不能组合在一起，那样的团队犹如一盘散沙，毫无战斗力。

美国著名管理学教授斯蒂芬·P· 罗宾斯说过：军队不能够仅靠指挥官冲锋陷阵来获取胜利，同理，一个团队，也不能仅靠领导者的个人能力来创造佳绩。因此，我们要强调"团队精神"而不提倡"单兵作战"。

一个优秀的团队就像一台运转良好的精密机器，而激情就像渗透在所有零部件上的润滑剂，让零部件快速地运转起来。为什么激情能在团队中起到润滑剂的作用呢？

1. 团队应有一个清晰的共同目标

有了共同的目标，就有了努力的方向，就能增加团队每一个成员的奋斗激情，并能使团队成员向着相同的方向努力前进，最终到达理想的彼岸。

2. 成员之间可以共同协作，相互依赖

有激情的成员会焕发出积极、热心和包容的精神面貌，这在很大程度上避免了矛盾的产生。

3. 分享团队的成绩，获取个人的酬劳

激情能够使团队成员处于一个相同的氛围，让每个人都感觉到自己是胜利者。

所以，激情在团队中起着极为重要的润滑剂作用，使团队的配合更默契，效果更显著。

拥有激情的团队中的每一位成员都坚信：我们在"同一个"团队里。如果我们不能相互配合、相互协作，只会让团队内部消耗更大，致使团队发展缓慢。

"泼水"式罚球

张伯伦，NBA 的传奇中锋，创造了无数令人望而却步的纪录，但他的罚球技术非常糟糕。张伯伦开始采用的是"砍鲨战术"，但罚球差得不能再差了，因此，在比赛即将结束前，对手们都会满场追着张伯伦对他犯规。由于这个原因，联盟还特意改变了规则。张伯伦罚球命中率比他的投篮命中率要低得多。张伯伦为了提高罚球命中率，甚至采用了低手"泼水"式罚球，但效果还是不理想。

"飞吻"式罚球

基德曾效力于网队，是一名传球大师，同时也是拿"三双"的能手，他还曾经带领网队打进总决赛。基德最有代表性的动作就是罚球前的飞吻，他每次在罚球前都要在裤子上把手擦干净，然后用左手持球，

右手做出飞吻的动作，最后才将球抛出去，整个动作
非常连贯优美。据说这个飞吻是基德送给妻子的，可
惜的是，他们的婚姻并不幸福，最终还是离婚了。

★男子击剑★

团队才是最锋锐的那柄剑

十年结盟的悲情组合

对中国男子击剑队而言，当年的"三剑客"时代一直是一段历史佳话，但"三剑客"最大的遗憾，就是男子花剑团体赛，由叶冲、董兆致和王海滨组成的花剑"老三剑客"，两次出击奥运会决赛，却两次惜败，被称为中国奥运悲情组合之一。

1996 年亚特兰大奥运会，中国的"三剑客"正值血气方刚之际，叶冲 27 岁、董兆致 23 岁、王海滨 23 岁。然而命运并没有垂青他们：翻译没有及时告诉他们比赛时间已更改，结果"三剑客"匆匆忙忙赶到赛场，迟到使他们在第一轮比赛中就惨遭淘汰，作为一名运动员，一生能参加几次奥运会啊？这次宝贵的机会就这样失去了。

这一次是"三剑客"终身难忘的痛苦经历。董兆致后来回忆起当时的情形说："当时我们甚至连脸都没洗、牙也没刷，到赛场的时候我们就晚了，海滨的衣服还没穿好裁判就要求去比赛，裁判因此给了海滨一张黄牌，当时海滨看着场下直瞪眼，心里想，这能不影响我们的技术吗？当时，我们不断地被罚分，最后输给了韩国队一剑，没能进入前八强。"

1999 年，他们联手夺得世锦赛男花团体亚军，这是中国在男子花剑项目上的历史性突破，于是"三剑客"的名字开始被人们所传、所知、所敬。

2000 年悉尼奥运会时，经过四年磨砺，"三剑客"的技术均已达到个人的巅峰，然而命运又一次跟他们开了一个玩笑，他们仅以一剑之差不敌老牌劲旅法国队，获得男子花剑团体亚军。

之后，"三剑客"带着遗憾退役。2004 年雅典奥运会，他们又应召归队，再次联手冲击奥运会金牌，命运似乎总是在捉弄他们：裁判竟多次将本应属于中国队的得分判给对手，导致中国队以 42 ： 45 负于意大利队，"三剑客"又一次与金牌擦肩而过。

"三剑客"这次是真的退役了，但这不是他们的终点，他们要为男子击剑队做些事情，让中国男子击剑队强大起来。有了目标，就开始行动："三剑客"中的老大叶冲担任着上海击剑队教练。董兆致在广州市某区的体育局工作，虽然所从事的工作和击剑无关，但他经常会在一些击剑比赛中担任裁判。而年纪最轻的王海滨已经成为中国击剑队男花主教练，他的执教能力得到了业界人士的一致认可。"三剑客"中的两个当了教练，希望把自己过硬的技术传给新一代的剑客，还有一个当裁判，是希望自己能做一个公正的裁判，让后来的击剑选手不再受到不公正的待遇，不再因裁判的原因而留下遗憾。

团队的辉煌才是真正的辉煌

在悲情组合"三剑客"的努力下，中国男子击剑队走向一个又一个辉煌：

　　2010 年 11 月 12 日，由雷声、朱俊、黄良财、张亮亮组成的中国男子花剑队在巴黎举行的世界击剑锦标赛中首次夺得世锦赛团体冠军。

　　2011 年 10 月 17 日，由马剑飞、雷声、朱俊、张亮亮组成的中国男子花剑队在意大利世界锦标赛男子团体赛中成功卫冕，夺取两连冠。

　　2012 年伦敦奥运会，男子花剑个人赛决赛，王海滨的弟子雷声对阵埃及选手阿波尔卡西姆。比赛中途虽然出现了一些小插曲，如中断治疗、争议判罚等，但雷声没有被这些影响，在 11 ∶ 13 落后的情况下，主动进攻，连续击中 4 剑，最终以 15 ∶ 13 的比分赢得了比赛，获得了中国男子花剑奥运的第一块金牌。

　　"三剑客"一直是中国击剑队的传奇，做队员成就了传奇，做教练和裁判，依然是传奇，这一切只因他们心中永远有一个团队——中国击剑队。

　　一个人的成功不叫成功，团队的成功才是真正的成功，只有、也只能有团队，才能取得新的辉煌。

　　曾经听过这样一个故事，一个老翁有几个儿子，兄弟不和，时常发生纠纷。一日老翁病危，把几个儿子叫到跟前，又让人取来一捆筷子，给每个儿子发一副，让他们把筷子折断，结果他们都很轻松地将筷子折断了，老翁又让人把筷子捆成一捆交给几个儿子，让他们分别折断，结果谁也折不断，尽管他们用尽了全身力气。

　　老人语重心长地对儿子们说："孩子们，你们就像这些筷子一样，只有团结在一起才会有力量。"儿子们这才体会到父亲的用心，老翁去世后，兄弟们不再互相争斗了，而是同心协力，渐渐地，日子都过得好起来了。

　　故事中所说的"团结就是力量"的道理对我们每个人都很适用。作为一个团队，成员之间只有团结一致、同心同德，才能形成一个整体，才能步调一致地向前迈进，才能确保团队整体目标的实现。

只有团队强大了，个人才会强大起来，团队弱小，个人能力再强也不会有出色的表现。

因为，我们一定要充分发挥团队力量，与团队成员之间精诚合作。只有这样，才能使团队中的每个人都能享受到集体大家庭中"与人同乐"的感受。

击剑，由武技演变为一种体育运动

击剑发源于中世纪的欧洲，是用剑一对一进行攻击和防御的运动技术。近代，由于剑身的构造及剑术的改进，击剑由武技演变成一种体育运动。我国击剑运动启蒙于 20 世纪 50 年代，由苏联专家赫鲁晓娃引入。

击剑分为花剑、佩剑和重剑 3 种，重剑可攻击全身，因此更难学一些。

击剑这项运动不宜学得过早，应该在 6 岁以后再学，因为这个项目运动量大，过早学习会影响孩子的身体发育。

优秀的击剑运动员——曹丕

曹丕除了是杰出的文学家，还是一名优秀的击剑运动员。

魏晋时代，洛阳一带的击剑水平最高，出了很多名师，击剑名家史阿就是曹丕的教练。曹丕在其著作

《典论》里，记载了自己亲身参与击剑比赛的经历，大体内容如下：

有一天，曹丕和朋友一起饮酒，谈到击剑，大家都很有兴致。一位名叫邓展的将军，擅长擒拿格斗和各种兵器，而且还会空手夺刀。曹丕有些不服气，直言道："你所谓的空手夺刀，我不相信。"这句话把邓展激怒了，当场要和曹丕比赛。这是朋友之间的玩耍，当然不能伤及身体，于是他们用甘蔗代替剑在酒宴上开始比赛。

比赛结果是，邓展不仅没有夺下曹丕手中的甘蔗，还被曹丕三次击中手臂。

邓展不服，要求再比赛一次。这一回邓展发现了曹丕的薄弱环节——不擅长中路进攻，因此邓展决定取曹丕的中路。曹丕运用诱敌技术，让邓展贸然上前来夺"剑"，结果曹丕迅速出击，这一回击中的不是手臂，而是额头，这一次邓展输得更惨，幸亏是甘蔗，如果是真剑，估计邓展就受伤了。大家看到这一幕，都为曹丕的击剑技术叫好。

◆女子排球◆

最艰难的时候，看看你的左右

网上"长城"坍塌

　　中国女排是中国体育的一面旗帜，也是中国女性的一面旗帜。2004 年雅典奥运会上，中国女排终于又以其特有的团队精神，赢得了那枚渴望已久的金牌。

　　赵蕊蕊，身高 1 米 97，能攻能守，拦网技术出神入化，素有"移动长城"之称，是女排的新一代"当家花旦"。

　　作为中国女排的第一高妹，赵蕊蕊和 1 米 93 的薛明组成"双塔"副攻，就连古巴女排这样高举高打的队伍在中国的"双塔"面前都畏惧三分，只好以吊球或后排进攻来突破"双塔"的拦防。

为了在 2004 年奥运会上取得更好的成绩，为了增加女排的实力，陈忠和教练把受伤恢复中的赵蕊蕊请回来，赵蕊蕊的回归大大提升了中国女排的网上实力，背飞、背快、前快等次数大大增加，同时拦网也给对手的进攻造成极大的阻碍，给我们的主攻减轻了进攻的压力。外界一致公认："赵核心"的时代又回来了。

意大利排协技术专家卡尔罗·里西先生在观看中国女排训练后对赵蕊蕊的表现给予肯定，他认为中国队在奥运会上是否能取得胜利，关键看赵蕊蕊的表现了。

然而就在奥运会开始后中国女排第一次比赛中，赵蕊蕊因腿伤复发，无法上场。赵蕊蕊的缺阵使中国女排实力大损。媒体惊呼：中国女排的网上"长城"坍塌，实力大减，没有了赵蕊蕊，中国将不再是夺冠大热门。

没有赵蕊蕊，中国队拦网的信心下降。虽然说赵蕊蕊的拦网技术并不是无懈可击，但是她的高度足以震慑对方，这就取得了心理上的优势。

国人为女排在这次奥运会的命运担忧，排球迷们为女排队员捏一把汗，没有主将这球怎么打。

没有主将的比赛

蕊蕊受伤了，大家都很难过，但是队里的目标没有变化，依然是冠军！

面对如此严峻的形势，中国女排教练没有泄气，而是及时调整应战策略，决定让年轻队员张萍顶替赵蕊蕊的位置，将原本围绕赵蕊蕊的高点快攻变为多点进攻，并且一再向队员强调：要依靠整体实力与强敌打拼。

中国女排艰难地一场一场地拼，在小组赛中，还输给了古巴队，这场球输得让国人对女排夺冠不再抱希望了。

但是，中国女排队员没有泄气，她们按照部署，依靠团队精神、集体力量，打出了风格，打出了气势，最终杀进了决赛。

决赛中，中国队遇到了强劲的对手——俄罗斯队，也遇到了前所未有的困难，俄罗斯队发挥非常好，虽然中国女排的状态也不错，但还是连输两局。当0∶2落后时，中国女排没有失去信心和勇气，受挫时互不埋怨，顺利时互相鼓励，以保持高昂的斗志，在后面的比赛中，俄罗斯队越打越手软。比赛进行到第 5 局后半程时，身高仅 1 米 82 的张越红一记重扣穿越 2 米 04 的加莫娃的头顶，球实实在地砸在对方的地板上，历时 2 小时零 19 分钟的比赛以中国队获胜宣告结束，这场比赛出现过 50 次平局，比赛之激烈可想而知。

女排夺冠后，陈忠和教练放声痛哭了两次。俗话说，男儿有泪不轻弹，其中的艰辛，只有陈忠和跟队员们心里最清楚。

中国女排在没有主将的情况下凭借什么在决赛中反败为胜呢？陈忠和教练在赛后接受采访时说："我们虽然没有绝对的实力去战胜对手，但我们有团队合作的精神，有顽强拼搏的精神。能够反败为胜，其中原因只有两个字：忘我。"

陈一冰点评

　　"没有完美的个人，只有完美的团队。"雅典奥运女排冠军争夺中那场惊心动魄的胜利就很好地诠释了这句话。

　　佛祖释迦牟尼曾问他的弟子："一滴水怎样才能不干涸？"弟子们面面相觑，没有人回答得出来。释迦牟尼说："把它放到大海里去。"

　　个人再完美，也只是一滴水，一个优秀的团队就是大海。我们每个人只有充分融入团队，才能发挥自己的聪明才智，才能创造出更高的价值。

　　喜欢足球的人都知道，德国足球队是世界上最优秀的球队之一，被誉为"日耳曼战车"。然而令人惊奇的是，在这样一支传统的优秀团队里，却极少有个人技术特别突出的球员。和意大利、巴西等国家的球队比起来，德国队队员的球技显得很平凡。

　　但这并不影响"日耳曼战车"的威力，他们屡屡在世界级比赛中夺冠，把意大利、巴西、荷兰等足球强队拉下场，世界上，没有谁敢轻视"日耳曼战车"的威力。

一位世界著名的教练说："在所有的队伍中，德国队出错是最少的，或者说，他们从来不会因为个人而出差错。从单个球员来看，德国队并不强大，但把他们 11 个人放在一起，就是一个巨人，他们就像是由一个大脑控制的。球场上，他们不是 11 个人在踢球，而是一个巨人在踢球，这对对手而言是非常可怕的。"

这个例子再次证明了：个人的发展离不开团队的发展，个人的追求只有与团队的追求紧密结合起来，并树立与团队风雨同舟的信念，才能与团队一起得到真正的发展。

然而，在我们的现实中，有些人就像狮子一样，能力超群，才华横溢，自以为比任何人都强，蔑视同事，甚至连上司的意见也置若罔闻。这样的人，再找不到任何一个可以合作的伙伴。这类人，无论他走到哪里，也不论他处于什么地位，都不可能得到团队的重视和青睐，因为在这个个性张扬、共性奇缺的时代，个人的团队意识越来越重要，越来越需要更多具有团队精神的成员来提高团队的士气。

没有完美的个人，只有完美的团队。一个人离开团队将一事无成，只有将自己的目标与团队的目标紧密结合在一起，并与团队同风雨，才能与团队共辉煌。

作为一个个体，你可能会凭借自己的才能取得一定的成绩，但你绝不会取得更大的成功。只有善于合作，把自己融入整个团队当中，才能依靠团队的力量，去完成个人所不能完成的事情。

谁的主场

"塞尔维亚队，加油！""古巴队，加油！"……北京奥运会期间，每当人们走进奥运会排球比赛场馆——首都体育馆时，都能听到从里面传出的加油声。记者好奇地问："这是谁的主场？"观众激动地说："这是所有球队的主场！"

这座能容纳 1 万 8 千人的体育馆，每天上座率都在 90% 以上。无论场上是否有中国队参加比赛，无论场上对阵双方实力如何，热情的观众都会为他们加油助威，鼓掌叫好，赛场成为一片欢乐的海洋。

一位塞尔维亚记者不无感慨地说："本届奥运会的组织工作做得太好了，热情的中国观众对每支队伍都很支持，着实让人感动。"

把排球当礼物送给盟友

第一次世界大战期间以及战后的几年中，排球运动被列入美军军事训练营的训练计划，于是美国国内及国外的军事营地，到处都是排球和球网。同时，美军还把排球作为礼品赠送给盟军的体育官员们。

于是，排球传遍了整个世界：英国、法国、意大利、俄国、南斯拉夫、捷克斯洛伐克、波兰、德国等。

1919 年，美国派遣军分发了 16 000 个排球给它的部队和同盟军，这一行动加速了排球在世界各地的推广，可以说，排球能有今天，美军的功劳非常大。

＊男子足球＊

绿茵场上的悲歌

荷甲的一颗新星

　　罗宾·范佩西(Robin van Persie)，1983 年生于荷兰鹿特丹。荷兰前锋，曾效力于费耶诺德、阿森纳、曼彻斯特联队等足球俱乐部，现效力于土超的费内巴切足球俱乐部。

　　范佩西从小就开始接触足球，13 岁时，进入荷甲费耶诺德队的青年学院。17 岁时，开始在荷甲联赛崭露头角，各项比赛中获得了 15 场的首发，渐渐成长为该队一颗新星。

　　2002 年，范佩西获得荷兰足协颁发的年度最佳青年球员奖项。同年，范佩西加入了费耶诺德（一家位于荷兰第二大城市鹿特丹的足球俱乐部），签署了为期三年半的职业合同，并与队友一起在联盟杯决赛中战胜多特蒙德（一家位于德国北莱茵－威斯特法伦州多特蒙德市的足球俱乐部），这是范佩西平生第一次获得冠军。

2002—2003 赛季，范佩西在费耶诺德已经成为球队重要一员，在这个赛季里，范佩西仅仅出场 28 次，竟踢进了16 球。

2004 年，正致力于寻找博格坎普的接班人的阿森纳看中了范佩西，并在当年的 5 月 14 日，与范佩西正式签约。阿森纳教练温格说："世界顶尖球星通常只有四五个，范佩西应该算是其中之一。他的跑位很出色，而且把握机会的能力也强。"

2005 年 4 月，在足总杯半决赛中，阿森纳球队与布莱克本队对阵，范佩西作为替补出场，可他表现极好，打进了两个进球，使阿森纳队获得了决赛权。决赛中，范佩西在点球大战中罚入点球，为阿森纳队获得足总杯冠军起到了重要的作用。

2005—2006 赛季，范佩西获得的机会更多，他的表现也越来越好。2005 年 11 月，范佩西在 8 场比赛中打进 8

个进球，获得当月英超最佳球员的荣誉，这是范佩西第一次获此殊荣。

2006—2007 赛季，范佩西成为阿森纳的主力。这段时间里，范佩西状态极佳，在 7 场比赛里打进了 6 个球。

2007 年夏天，球星亨利到了巴塞罗那，范佩西便成了阿森纳这支球队的主力。此时阿森纳球队并不成熟，但在范佩西和法布雷加斯等人的带领下成绩直线上升，在联赛中连连击败对手。

2008—2009 赛季，是范佩西伤病较少的一个赛季，因此出场率也高，范佩西打进了他在阿森纳的第 50 个进球。在这个赛季里，范佩西展现出极其全能的素质：44 次出场打进 20 球，还有 15 次助攻。

2009—2010 赛季，阿德巴约离队，范佩西被推上了前锋的位置。2010—2011 赛季，范佩西被授予象征球队核心的 10 号球衣。

2011 年，阿森纳只剩下范佩西独撑大局。范佩西被任命为球队队长，担负着带领阿森纳走出困境的职责。范佩西在俱乐部 50 场比赛中打进 44 球，是当之无愧的效率王。

网易体育评论说：谁敢横刀立马，唯我范大将军。可见，范佩西会用自己精彩的表现去追逐属于自己的荣誉。

凤凰体育评论说：荷兰人凭借一己之力改变了曼联的现状，他已经超越了其他英超球员的水平。

新浪体育评论：拥有荷兰人典型的俊朗外表，拥有诗人一般的浪漫不羁，范佩西自一出道起就成为荷兰人的新宠，成为荷兰足球的希望之星。

孤掌再大也难鸣

范佩西，这样一个战功赫赫的球员，也有无奈的时候。

2012 年，由于阿森纳长期无缘冠军荣誉，范佩西也像其他球员一样另谋高就，他选择了曼联，与曼联签约。

2012 年 8 月 20 日，范佩西在英超联赛首轮比赛曼联客场对阵埃弗顿的下半场比赛中替补出场，这也是范佩西代表曼联第一次出场，范佩西出场只有 22 分钟，表现平平，没有一次射门，英媒体指责教练弗格森大材小用。

《镜报》对范佩西只得到 22 分钟的出场感到惊讶，"范佩西是英超最好的前锋，结果完全被孤立"。

范佩西与鲁尼的搭档没有成功，结果输掉了比赛，英媒体认为，范佩西出场后，鲁尼后撤影响了另一位队员的发挥，尽管范佩西得到了空间，可他周围没有人配合，因而，曼联的身后球总被截断。

　　曼联虽然花高价引进了范佩西和鲁尼两位出色的球员，可没有让他们融入球队，这实在是件令人遗憾的事情。

陈一冰点评

完美的个人产生于完美的团队，再完美的个人在失败的团队里面，结果必定是失败的。一个人没有团队精神将难成大事；一个企业没有团队精神将成为一盘散沙；一个民族没有团队精神必将难以强大。

有这样一则故事很能说明协作的重要性：

在美国的一次艺术品拍卖会上，拍卖师拿出一把小提琴说："这把小提琴将以 1 美元起拍。"

正式拍卖还没开始，只见一位老人就走上台去，拿着小提琴演奏起来。小提琴那优美的音色和老人高超的演奏技巧令全场折服，大家都陶醉其中。

演奏完后，老人轻轻把小提琴放回琴盒中，不慌不忙地走下台。拍卖师见时机已到，拿起小提琴向在场的人宣布：这把小提琴的起拍价将改为 1000 美元。

拍卖开始后，小提琴的价格不断提升，从 2000 美元、4000 美元，到 8000 美元、10 000 美元，最后竟以 10 000 美元的价格成交。

　　同样的一把小提琴，价格的差异会如此之大？这就是协作的力量，是协作让这把小提琴实现了它的潜在价值。

　　同样，一个团队也是如此。如果只强调个人的力量，你表现得再完美，也很难创造很高的价值，而相互协作，却可能实现比个人能力叠加起来还大的价值。

以一当十一

在欧洲，曾经有过这样一场有趣的比赛：比赛时间已到，温习利德队十一人全部到齐，而另一方车卢姆队只到了守门员一个人，他叫奥理逊。

奥理逊请求裁判员等等他的队友们，将比赛稍延后一会儿，却遭到了裁判的拒绝。裁判宣布比赛开始，还对奥理逊下令说："如果你也不上场，我就算你们失败。"

奥理逊深知自己的球队实力很强，而且肯定能获胜，就答应上场。他想，我先抵挡一会儿，等队友们来了就好办了。

奥理逊故意磨蹭，慢慢地穿戴好守门员的"武装"入场了。他中圈开球后，一脚将球踢向看台，马上又跑到自己的门前把守大门。

不一会儿，奥理逊就浑身是泥了。奥理逊出色的扑救技术，使得对方只得了一分。队友赶到时，奥理逊所在球队以 0：1 落后。队友们在门将奥理逊的鼓舞下，奋勇进攻，士气大振，最后以 3：1 获胜。

后来，足球规则上规定：开赛时一方如果不足 8 人上场，就以弃权处理，判对方以 2：0 获胜。因而，就不再有此类事件发生。不过门将奥理逊"以一当十一"的事件，成了足球史上难得的一桩趣事。

动物足球赛

在印度首都新德里，每年夏天都要举行一场别开生面的大象足球赛。

比赛场地和标准足球场一样大，比赛规则也与足球比赛差不多，只是比赛时间有所不同，大象足球赛的比赛时间为 60 分钟，分上、下半场。大象足球赛中的足球要比标准足球大，直径长达 1 米。

比赛时，每队有 3 名"队员"上场，每名"队员"身上骑着一个人，指挥着"队员"的行动路线和攻击方向。大象在场内奋力奔跑，同时还不断地用鼻子

"踢"球，当大象一记劲射，球破门入网时，全场观众热情鼓掌，以示这头大象已得一分。

在美国加利福尼亚的红木动物园，有一支猴子足球队。这些猴子像足球运动员一样，穿着统一的球衣、球裤、球鞋，在场上跑来跑去，传球射门，很有意思，观众每每驻足观看，笑声不断。

奥运冠军陈一冰给孩子的运动建议

科学运动，避免损伤

对于少年儿童来说，运动可以使他们拥有一个健康的身体。但是，他们又正处于生长发育时期，身体内部器官、组织尚未发育成熟，很容易在运动中受到伤害，因此，小朋友们在运动过程中一定要遵循运动的规则，以防运动不当而"伤身"。

1. 运动前要热身

运动前热身非常必要。有很多小朋友一到运动场地，马上就开始运动，其实这对身体很不利。不论进行何种运动，在开始前都需要一段时间来疏通经络。当人的身体变热，血液循环加速时，肌肉才会在锻炼中达到更大限度的扩张，这也可以使人减少受伤的机会，可以避免因运动伤害长期无法回到运动场，进而造成心理及生理低潮。热身的内容与分量，应依所从事的运动不同而异。

2. 运动不可过量

首先，小朋友们的肌肉、韧带、骨骼和结缔组织等均未发育成熟，过量运动必然对身体造成伤害。其次，过量的运动会有损免疫系统的功能，一般剧烈运动后免疫力的降低会维持1个小时左右，要经过24小时才能恢复到原来的水平。这样，免疫系统产生抗体来对付侵入身体的病毒、细菌、化学药品以及其他的异物等抗原功能将大大受损害，必然容易引起感冒、肺炎、胃肠道感染等疾病。

因此，小朋友们应根据自己的年龄和特点，选择适合的培训项目，运动姿势和运动量都不要超过身体负荷，以运动后精神饱满、心情舒畅，而不是甚感疲劳为准。

3. 运动过程中及时补水

在运动过程中，身体需要不断地补充水分，这样才能使产生的热量变成汗，从而帮助排除体内的毒素。如果我们不能够给身体及时补水的话，很快就会觉得口干舌燥，其实这时候人已经进入了脱水状态。所以，不论在健身前，还是在运动过程中，以及运动完毕后，都要及时给身体补充水分。

4. 运动时不宜喝运动饮料、吃饼干

运动饮料没什么不好，但如果我们能用白开水代替它们，效果反而更好。还有饼干，它们都含有一些葡萄糖和麦芽糖。如果把这两者加在一起，那可就成了严重的杀伤性武器。饼干是专给那些在运动前来不及吃东西的人准备的，假如你想吃的话，最好在运动前 1 小时就把它吃完。

5. 运动后要做舒缓的伸展运动

运动后，人会大汗淋漓，身上的肌肉经过一番训练后，会因亢奋而绷紧，甚至抽筋。因此，运动完毕做做伸展动作就显得尤为重要，它能让肌肉在渐次状态下和缓压力，缓解第二天的肌肉酸痛。

另外，这些伸展动作还可以排出体热。正如身体需要在运动前做预热一样，运动后它也需要一段时间恢复正常稳定的状态。否则，心脏负荷过重，对健康无益。在经过激烈的运动后，我们仍然需要进行一些缓慢的动作，借此缓慢有序地排出体热，让心跳回到正常水平。

6. 运动鞋不宜穿太久

有的孩子因为对自己的运动鞋非常喜爱，所以常常是鞋不离脚。有的甚至一整天都穿在脚上，只有晚上上床时才脱下来。其实，穿运动鞋也应有一定的时间性，平时长时间穿着是不适当的。运动鞋多平底无跟，没有坡度，身体负荷在脚部分配不均，使人体的内脏、肌肉、韧带、骨骼与脊柱保持不正常位置，这对正处于发育旺盛时期的孩子们，害处尤为明显。

以上就是运动过程中需要遵守的几点规则，我们一定要记牢，以防在运动中出现不必要的伤害。